交通运输行业标准

JT/T 807—2011《汽车驾驶节能操作规范》释义

蔡凤田 曾 诚 殷国祥 曹 磊 编著

人民交通出版社

内 容 提 要

本书是对交通运输行业标准 JT/T 807—2011《汽车驾驶节能操作规范》各项条款内容的解释说明，适合广大汽车驾驶员及汽车驾驶教练员进行驾驶节能操作技术培训和自学时使用。

图书在版编目(CIP)数据

交通运输行业标准 JT/T 807—2011《汽车驾驶节能操作规范》释义 / 蔡凤田等编著. — 北京 : 人民交通出版社，2011.6

ISBN 978-7-114-09161-2

Ⅰ. ①交… Ⅱ. ①蔡… Ⅲ. ①汽车节油 – 驾驶术 – 技术操作规程 Ⅳ. ①U471.23-65

中国版本图书馆 CIP 数据核字(2011)第 098205 号

书　　名：交通运输行业标准 JT/T807—2011《汽车驾驶节能操作规范》释义
著 作 者：蔡凤田　曾　诚　殷国祥　曹　磊
责任编辑：张　兵
出版发行：人民交通出版社
地　　址：(100011) 北京市朝阳区安定门外外馆斜街 3 号
网　　址：http://www.ccpress.com.cn
销售电话：(010) 59757969，59757973
总 经 销：人民交通出版社发行部
经　　销：各地新华书店
印　　刷：北京鑫正大印刷有限公司
开　　本：880 × 1230　1/32
印　　张：4
字　　数：92 千
版　　次：2011 年 6 月　第 1 版
印　　次：2012 年 1 月　第 2 次印刷
书　　号：ISBN 978-7-114-09161-2
印　　数：3001 – 6000 册
定　　价：10.00 元

前 言

随着我国国民经济的飞速发展,全国民用汽车保有量快速增加,2010 年底,全国民用汽车保有量达到 9086 万辆(包括三轮汽车和低速货车 1284 万辆)。汽车运输业的发展为国民经济建设作出了巨大的贡献,乘用车进入家庭大幅提高了人民的生活水平。但是,汽车保有量的大幅增长直接导致了石油制品汽油和柴油的大量消耗,致使我国从 1993 年开始变成了纯进口石油的国家,并且进口石油的量在逐年增加,目前,石油能源对外依存度已达 50% 以上。与此同时,汽车消耗石油能源而排出的对人体有害的氮氧化物(NO_x)、一氧化碳(CO)和碳氢化合物(HC)等物质加剧了大气环境的污染,即使是完全燃烧产生的无毒气体二氧化碳(CO_2),也将加剧地球的温室效应。

影响汽车燃油消耗量的因素很多,可归纳为汽车技术、道路环境条件和汽车运用技术等三个主要方面。汽车技术决定了汽车本身固有的燃油消耗水平,不同性能匹配和品牌的汽车,其燃油经济性差别很大;道路环境条件是汽车实现其良好燃油经济性的基础,包括道路通行条件、地理气候、车流量等因素;汽车运用技术则是能否有效实现汽车较高燃料经济性的保障,包括汽车运行调度、维护及驾驶操作等。较低的汽车运用水平,即使是燃油经济性较好的汽车在优良的道路环境下行驶,也难以实现较少的燃油消耗。研究表明,驾驶员对汽车的操控行为是汽车运用方面影响汽车燃油消耗的关键环节,不同的驾驶操控习惯对汽车的燃油消耗量影响范围达 30% 以上,一个有不良驾驶操控习惯的驾驶员能将轮胎、发动机、车身、合成润滑剂等汽车技术进步措施所减少的燃油消耗全部抵消!

汽车驾驶节能操作是一项与人、车、路相关的、复杂的系统工程,它将在确保行车安全的基础上,通过驾驶员科学合理的操作,实现车、路的高效、和谐,用最少的能源消耗创造最大的生产力,用最少的汽车污染物排放营造友好的环境。世界上许多发达国家非常注重汽车驾驶节能技术的研究与推广工作,美国在实施燃油经济性标准限制高耗能汽车投入使用,立法强化车辆检查与维修(I/M 制度)确保汽车具有良好的技术性能等措施后,开展了以货运驾驶员培训计划为重要内容的"清洁货运战略",帮助驾驶员认识和改变导致高耗油的不良驾驶习惯。欧盟大力实施了经济驾驶(Eco-driving)计划,各成员国根据本国特点逐步将驾驶节能引入到驾驶员的培训和考试中,在理论科目考试和实际道路驾驶考试中均设置了相应的驾驶节能考试内容,并占有相当的权重。日本政府号召人们提高日常驾驶技巧以减少汽车燃油消耗和尾气排放,提出了"生态驾驶",并将每年的 11 月定为"生态驾驶月"。美、欧、日等发达国家和地区开展的汽车驾驶节能方面的工作主要是使驾驶员做到:

(1)选择合适汽车;

(2)定期维护车辆;

(3)经常检查轮胎气压;

(4)减轻汽车自重;

(5)避免短途行驶;

(6)提前计划行程;

(7)冷起动后马上行车;

(8)避免急起步和急加速;

(9)保持发动机经济转速;

(10)发动机不做高速空转;

(11)尽可能使用高速挡;

(12)快速换挡;

(13)预测道路交通条件;

(14)保持稳定车速(经济车速);

(15)保持安全车距;

(16)带挡滑行减速;

(17)合理使用空调;

(18)减少空气阻力;

(19)长时间停车应熄火;

(20)预见性停车。

我国早在20世纪90年代初就针对当时的东风、解放系列车辆开展了汽车驾驶节能操作的研究工作,并在实践中取得了良好的成效。针对汽车技术的不断进步,原交通运输部公路司及江苏省交通运输厅于2008年组织江苏省交通运输厅运输管理局、交通运输部公路科学研究院、人民交通出版社等单位开展汽车驾驶节能技术研究,在国内首次科学系统地将汽车驾驶节能归纳总结为十大原理,结合汽车发动机及整车燃料消耗量试验,从驾驶操作、车辆维护、车型选择三个方面探索研究了现代汽车驾驶节能技术与方法,梳理出驾驶员应做到的驾驶节能操作准则如下:

车况正常,心态平和,路线最佳;
平稳起步,及时升挡,车机同热;
挡位准确,转速最优,切忌高速;
操控平顺,直线等速,预见驾驶;
合理空调,长停熄火,入位准确。

江苏省镇江江天汽运集团有限责任公司、安徽省合肥汽车客运总公司等多家骨干道路运输企业自觉开展了汽车驾驶节能操作经验推广应用工作,在交通运输行业起到了良好的节能示范效应。

基于上述国内外开展汽车驾驶节能工作的经验及我国汽车驾驶节能技术研究成果,交通运输部于2009年组织交通运输部公路科学研究院、江苏省交通运输厅运输管理局、长安大学、人民交通出版社等单位成立标准编写组，对汽车驾驶节能操作方法进行标准化归纳，形成了交通运输行业标准 JT/T 807—2011《汽车驾驶节能操作规范》，并由江苏省交通运输厅运输管理局组织辖区内道路运输企业、机动车驾驶员培训机构对标准内容进行了验证。标准按照汽车驾驶操作的流程，将汽车驾驶节能操作分为行车前准备、驾驶操作以及收车后检查三个关键环节，明确了各环节详细的驾驶节能操作方法。

推广汽车驾驶节能技术不需开发新的能源，不需改造汽车，只需在驾驶操作、车辆维护、车辆环境协同水平等方面进行优化、提高，就能改善“人的不节约行为”，达到既保证道路交通安全，又节约能源、减少废气排放的目的。推广汽车驾驶节能操作是目前实现汽车节能、减排、安全运行最经济、最现实且见效快的重要措施之一，将为进一步落实国家节能减排的方针政策提供有力的技术支撑。

为了帮助广大汽车驾驶员及汽车驾驶教练员深刻理解交通运输行业标准 JT/T 807—2011《汽车驾驶节能操作规范》各项条款的内容，准确掌握规范的汽车驾驶节能操作方法，交通运输部道路运输司、交通运输部科技司、交通运输部节能减排与应对气候变化工作办公室组织标准主要起草人员编写了本标准释义，按照标准章节顺序逐条对标准条款加以解释说明。如有不当之处，敬请批评指正。

编者

2011 年 5 月

目　录

第一部分　关于“1 范围”的释义

本部分主要是对 JT/T 807—2011《汽车驾驶节能操作规范》标准(以下简称“本标准”)所适用的范围的规定,包括驾驶员驾驶操作汽车的环节及适用的车辆。

【条文】

1　范围

本标准规定了汽车驾驶员的行车前准备、驾驶操作以及收车后检查等方法。

本标准适用于电喷汽油发动机汽车和柴油发动机汽车的驾驶节能操作。

【释义】

作为节能、安全的汽车驾驶员,其驾驶汽车的环节不仅仅包括在行驶过程中正确操作汽车。一个优秀的汽车驾驶员在行车前要进行行车路线设计、心理状态调整及汽车技术状态的基本检查,以保证汽车安全、高效地到达目的地;在收车后,要对汽车进行清洁、检查等,以保证下次顺利出车。因此,汽车驾驶操作的完整流程应是行车前的准备、行车中的操作以及收车后的清洁检查。本标准按照汽车驾驶操作完整流程的全过程阐述各环节的驾驶节能操作方法。

目前，我国汽车的型号很多，但其配置的发动机主要是汽油发动机和柴油发动机。汽油发动机有化油器式发动机和电控燃油喷射发动机两种形式。配置化油器式发动机的汽车曾是我国的主要车型，随着我国环保标准的进一步严格，从20世纪末开始已不再允许生产和销售化油器式发动机汽车，目前社会上仍在使用的化油器式发动机汽车已极少。电控燃油喷射发动机在各种工况下均能精确控制喷油量、混合气浓度、喷油时刻、点火提前角等控制参数，保证各缸供应的混合气均匀，燃油燃烧完全，故其燃油经济性比传统发动机明显提高。目前，电喷式发动机已经成为主流，普及率达到了95%以上。因此，本标准根据汽车目前配置的主流发动机形式，即电喷汽油发动机汽车和柴油发动机汽车制定了驾驶节能操作规范，没有列入化油器式发动机汽车及其他发动机（如燃气发动机等）汽车的驾驶节能操作方法的内容，适用于电喷汽油发动机汽车和柴油发动机汽车的驾驶节能操作。

第二部分　关于“2 术语和定义”的释义

本部分对本标准涉及的发动机起动类型、离合器特定工作状态等相关名词进行定义，共有 4 条内容。

【条文】

2　术语和定义

下列术语和定义适用于本文件。

2.1　常温起动　room temperature start

大气温度高于 5℃时起动发动机。

2.2　热起动　hot start

发动机温度在 40℃以上起动发动机。

2.3　冷起动　cold start

大气温度或发动机温度低于 5℃时起动发动机。

【释义】

2.1 条、2.2 条、2.3 条是依据发动机起动时的温度不同而进行发动机起动操作分类的定义。

发动机起动是一项经常性的驾驶操作，发动机起动时的温度对其经济性和寿命有重要的影响。按照发动机起动时的温度不同，可以分为 3 种类型，即常温起动、热起动和冷起动，如图 2-1 所示。

一般情况下，汽车长时间停车后，若重新起动时的大气温度高于5℃，则定义为发动机常温起动。若重新起动时的大气温度或者发动机温度低于5℃，则定义为发动机冷起动。若汽车在短时间停车后重新点火起动，发动机循环水温还维持在40℃以上，则定义为发动机热起动。

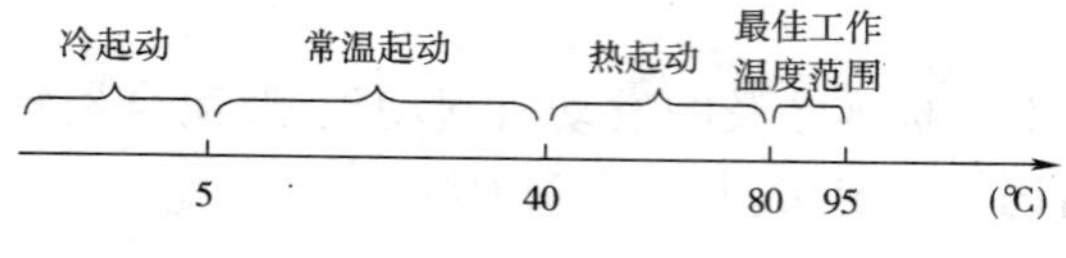

图2-1　发动机起动的温度范围

【条文】

2.4　半联动　semi-linkage

离合器不稳定接合的工作状态，即驾驶员踩离合器踏板时，使离合器主动盘与从动盘结合并处于相对滑动的状态。

【释义】

本部分是关于离合器特定工作状态的定义。

通常离合器主要由主、从动盘及其摩擦片、压紧弹簧以及动力输出轴组成，安装在发动机与变速器之间，其作用是在发动机和变速器之间柔和地传递动力，从而保证汽车平稳起步；可以根据需要临时切断动力传输，以便于换挡和减少换挡时的冲击，并可以对发动机和变速器起到过载保护作用。

汽车从发动机起动到行驶的整个过程中，经常需要使用离合器。离合器采用弹簧压紧主、从动盘，通过主、从动盘上的摩擦片相结合产生摩擦来传递动力工作。离合器分为三个工作状态，一是主、从动盘上的摩擦片接合并没有相对滑动的全联动，即不踩下离合器踏板；二是主、从动盘上的摩擦片不接合的不联动，即完全踩下离合器踏板；三是主、从动盘上的摩擦片接合并有相对滑动的半联动，即部分踩下离合器踏板。当汽车在正常行驶时，离合器处于全联动状态，主、从动盘上的摩擦片之间保持相对静摩擦，二者转速相同，动力传递效率最高；当驾驶员踩下离合器踏板，主、从动盘上的摩擦片完全分离，切断动力传递；最后一种，也就是离合器的半联动状态，驾驶员踩离合器踏板时，使离合器主、从动盘上的摩擦片虽接合但处于相对滑动的状态，离合器摩擦片发热、磨损，传动的机械传动效率下降，燃油消耗率上升。

第三部分　关于“3 行车前准备”的释义

本部分是关于汽车驾驶的第一个环节“行车前准备”的节能操作方法，包括行车路线设计、情绪调整和出车前检查三个方面，共有10条内容。

【条文】

3　行车前准备

3.1　行车路线设计

3.1.1　城市行车，应以行驶时间及距离最优为原则设计行车路线，尽量错开车流高峰，避开繁华街道、学校、医院、平交路口等交通拥堵路段。

【释义】

本部分是关于城市道路行车路线的设计原则和方法。

出行前规划行车路线，是预见性驾驶的一个方面，也是一项实用的驾驶节能举措。

我们都有这样的体会，在市区驾车的百公里油耗要比在高速公路上驾车的油耗高30%左右，有时甚至更高。这主要与市区驾驶汽车总是处于频繁加速、制动、停车状态有关。汽车频繁加速使发动机长时间在不稳定工况下运行，汽车的行驶速度严重低于经济车速,这些都使燃油消耗大大增加;汽车制动使汽车依靠燃油消耗获得的动能通过制动器内的摩擦生热而浪费掉;汽车停车使发动机怠速运转消耗燃油而没有使汽车发生移动。因此,驾车出行应避免频繁加速、制动及停车。

如果驾驶员准备在自己熟悉的城市里驾车出行,需提前规划出行路线。路线最短不一定就是最优的路径,要考虑路途中交通信号灯的多少、交通拥挤程度,尤其要错开车流高峰,避开繁华街道、学校、医院等人流、车流密度大的地方,才能避免汽车频繁加速、制动及停车。因此,选择城市道路行车路线时,要兼顾行驶时间和距离最优。

规划出行路线存在很多偶然性,有时候因为道路施工、交通事故、特殊的社会活动或者临时交通管制等原因,平时不堵车的路段也会发生交通拥堵,这些偶然情况是驾驶员无法预测的,驾驶员应在出车前打开广播了解路况,再确定出行路线。

【条文】

3.1.2　长途行车,应以选择较高等级公路及较短距离为原则设计行车路线,并有备用行车路线。

【释义】

本部分是关于长途行车路线的设计原则和方法。

长途行车,尤其是去陌生城市时,什么地方堵车、什么地方路况较好,这些因素都是无法预测、感知的。不浪费燃油的最佳做法就是尽量选择高等级公路行驶及使行车距离最短,绕开较差路况,避免"冤枉路"或者迷路。

规划行车路线时,一种方法是借助最新的地图找到目的地后,用笔画出行驶线路，最好准备有备用行车路线，防止出现意外情况；如果车上装有 GPS 全球定位系统，还可以借此来选择最佳的行车路径。另一种方法是求助于目的地的联系人或熟悉目的地路况的人，请他们提供指导和帮助，还可以在确保停车安全的情况下向路人询问路线。

道路等级的高低决定了汽车行驶滚动阻力的大小。在汽车行驶的各项阻力中，滚动阻力永远存在，是最重要的一部分。滚动阻力与汽车总重量、滚动阻力系数成正比，计算公式如下：

$$F_{\mathrm{f}} = G \cdot f \tag{3-1}$$

式中：F_{f}——汽车受到的滚动阻力，N；

G——汽车总重量，N；

f——滚动阻力系数，其取值如表 3-1 所示。

滚动阻力系数 f 的取值 表 3-1

路面类型	滚动阻力系数	路面类型	滚动阻力系数
良好的沥青或混凝土路面	0.010～0.018	压紧土路（雨后的）	0.050～0.150
一般的沥青或混凝土路面	0.018～0.020	泥泞土路（雨季或解冻期）	0.100～0.250
碎石路面	0.020～0.025	干砂路	0.100～0.300
良好的卵石路面	0.025～0.030	湿砂路	0.060～0.150
坑洼的卵石路面	0.035～0.050	结冰路面	0.015～0.030
压紧土路（干燥的）	0.025～0.035	压紧的冰雪路面	0.030～0.050

道路条件对汽车燃油经济性的影响体现为各种路面滚动阻力系数的差异，滚动阻力系数将线性地影响滚动阻力，进而影响汽车的燃油消耗率。道路等级越高，路面条件越好，滚动阻力系数越小，汽车滚动阻力也就越小，汽车克服滚动阻力所需的燃油消耗也就越少。

我国某汽车集团公司技术中心分别在高速公路、城市道路、山区道路、越野道路、省级公路上进行了汽车燃油经济性的对比试验，试验路线及条件如表3-2所示，试验结果如图3-1所示。

不同道路的试验条件 表3-2

试验序号	试验道路	试验路线	试验方法	试验车辆
1	高速公路	长春—吉林、长春环城高速	DOE 正交试验设计、油耗统计	解放14t平头载货汽车、解放31t平头载货汽车、解放28t自卸车、解放25t牵引车
2	城市道路	长春市、四平市、乌兰浩特市		
3	山区道路	内蒙古阿尔山—白狼		
4	省级公路	长春—白城		
5	越野道路	吉林农安县伏龙泉镇—巴吉垒镇、松原宝甸乡—深井子		

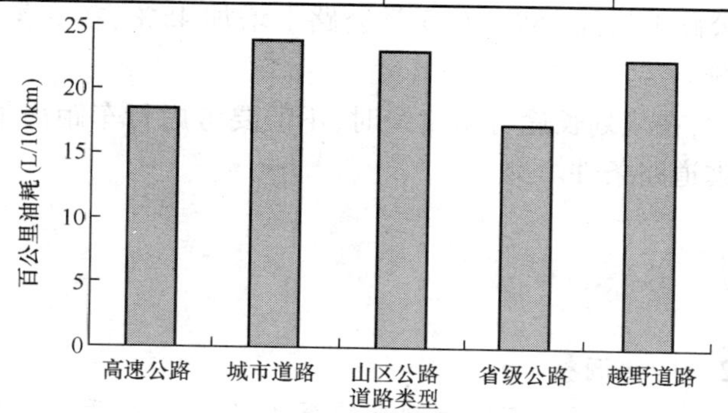

图3-1 不同道路上的汽车百公里油耗比较

由图可知，在不同道路类型中，汽车在高速公路和省级公路上行驶最为省油。试验结果也验证了理论分析和日常的驾驶经验。

国家标准《载货汽车运行燃油消耗量》(GB 4352—2007)及《载客汽车运行燃油消耗量》(GB 4353—2007)把公路分为6类(见表3-3)。

公路分类　　表 3-3

公路类别	公路等级	城市公路等级
1 类	平原、微丘地形的高速公路，一、二级公路	—
2 类	平原、微丘地形的三、四级公路，山岭、重丘地形的高速公路	平原、微丘地形的一、二、三、四级道路
3 类	山岭、重丘地形的一、二、三级公路	重丘地形的一、二、三、四级道路
4 类	平原、微丘地形的级外公路	级外道路
5 类	山岭、重丘地形的四级公路	—
6 类	山岭、重丘地形的级外公路	—

试验研究及统计结果表明，如以 1 类公路的汽车油耗为基数，汽车在 2 类公路上行驶油耗增加 10%，在 3 类公路上增加 25%，在 4 类公路上增加 35%，在 5 类公路上增加 45%，在 6 类公路上增加 70%。

因此，在规划长途行车路线时，不但要考虑行车距离最短，而且要考虑道路条件。

【条文】

3.2　情绪调整

暂不考虑对情绪有较大刺激的事件，使情绪处于心平气和、不急不躁、理解他人、不争不抢的状态。

【释义】

本部分是关于驾驶员在行车前调整好情绪状态的方法。

驾驶员尤其是职业驾驶员在驾车前调节自己的情绪，给予自己积极的心理暗示非常重要。良好的心理素质、健康的心态是确保行车安全、实现驾驶节能的根本保障。驾驶员在驾车时保持愉快的心情、积极的心态，将有助于在行驶过程中更友好地避让其他车辆和行人，使所驾驶的汽车运行平稳，降低事故发生的可能性，同时也降低了汽车的燃料消耗。

驾驶节能操作及安全驾驶操作要点是柔和操作、平稳驾驶等，驾驶员没有良好的情绪状态是难以实现的。如驾驶节能操作要求汽车的行驶速度一般都保持在汽车的经济车速范围内，车速通常会较其他汽车的速度慢，致使后侧来车不断超越，或者因车速太慢，经常会被鸣笛催促，个别素质较差的驾驶员还会在超越后做出报复性的举动，如果自身情绪不好，很容易被激怒，导致开赌气车，甚至以牙还牙。

如果在驾驶过程中遇到其他汽车野蛮超车、强行变更车道、故意加塞等情况，驾驶员没有必要与之斗气，应心平气和、不急不躁，保持心态平衡。要善于理解别人，可以想象加塞的驾驶员未必是恶意的，他可能确实有急事需要处理，这样就很容易理解对方，将心态放平和，进而不与之争抢。

驾驶员积极调节自己心态的方法有很多，其中在实践中行之有效的是正性心理暗示法。例如，驾驶员在开车前想一想自己的亲人，想一想自己近期获得了上级领导的肯定或是刚刚献出的爱心；也可以想象一下自己的下一部新车、即将获得的礼物或者特别期待的一次旅行，这都有助于驾驶员感受到自身独特的价值，体会到人生的美好意义，进而在驾车时会不自觉地更加小心谨慎，变得更有耐心和具有礼让精神，进而达到安全和节能行车的效果。

【条文】

3.3 出车前检查

3.3.1 环绕汽车一周，检查车身外表及部件的状况，应无漏油、漏水、漏气、漏电现象；轮胎气压应符合要求（轮胎气压要求一般标注在驾驶员侧车门），胎面花纹间无夹杂物；货物覆盖应严实。

3.3.2 移出车内不必要的物品。

3.3.3 清洁车窗玻璃，保持驾驶视线良好。

3.3.4 检查发动机风扇传动带，松紧度合适，无老化、龟裂、起毛等现象；检查发动机冷却液，液面应在上下限刻度间；检查发动机润滑油量，油面应在润滑油尺上下限刻度间中下部。

3.3.5 检查转向机构的自由行程，自由行程一般不宜超过两指宽度。

3.3.6 检查离合器踏板、制动踏板自由行程和驻车制动器操纵机构工作是否正常，离合器踏板与制动踏板自由行程应符合正常规定值。

3.3.7 起动发动机后，各仪表无故障报警信号，无漏油、漏水现象。

【释义】

本部分是关于出车前做好车辆检查的方法，按检查顺序总结出 7 条检查内容。按检查内容可归类为汽车技术状况检查、汽车装载情况检查。驾驶员要养成绕车一周（建议从驾驶室门侧开始，逆时针方向绕车一周）、由外至内的检查习惯，避免漏检。

1. 汽车技术状况检查

汽车保持良好的技术状况是行车安全的必要保证，也是驾驶节油的基本条件。汽车的任何故障都会直接或间接地导致油耗增加（见表3-4）。汽车带病行驶时，即使驾驶技术再好，也会影响节油效果。

汽车技术状况对燃油经济性的影响　　表3-4

序号	汽车技术故障	油耗增加率（%）	序号	汽车技术故障	油耗增加率（%）
1	离合器打滑	28～29	7	火花塞电极脏污	8
2	火花塞间隙太小	20～25	8	气门杆和推杆间隙变化	5～7
3	驻车制动器发卡	20	9	汽缸漏气压缩压力低	4～6
4	车轮定位与前束调整不符合要求	5～12	10	空气滤清器部分堵塞	5
5	轮胎气压比正常值低100kPa	5～11.5	11	轮胎气压比正常值低50kPa	1.5～4.5
6	齿轮油选用不当	8～10	12	转向机构调整不当	3

美国佐尔顿研究中心为了研究汽车维护对油耗的影响，曾在室内汽车底盘测功器上按ECE热起动循环做了大量试验。其中一项试验是在Vauxhall Victor乘用车上进行的，试验中故意制造出制动过紧、分电器真空提前失效、离心提前失灵、混合气浓度不正常等故障，然后测定循环油耗，结果如图3-2所示。由图中数据计算可知，由于部件的技术状况不正常，导致汽车百公里油耗由14.5L增至23.7L。

因此，通过经常性的汽车技术状况检查将有利于保持汽车发动机和底盘良好的技术状况，确保汽车处于最佳工作状态，使汽车本身的油耗维持在最低水平。驾驶员进行检查和日常简单维护的主要内容为坚持三检(出车前、行车中和收车后的安全检查),保持四清(即保持润滑油滤清器、空气滤清器、燃油滤清器和蓄电池的清洁),防止四漏(即防止漏水、漏油、漏气、漏电),并做好燃油、润滑油及冷却液的补给和车容整洁工作。

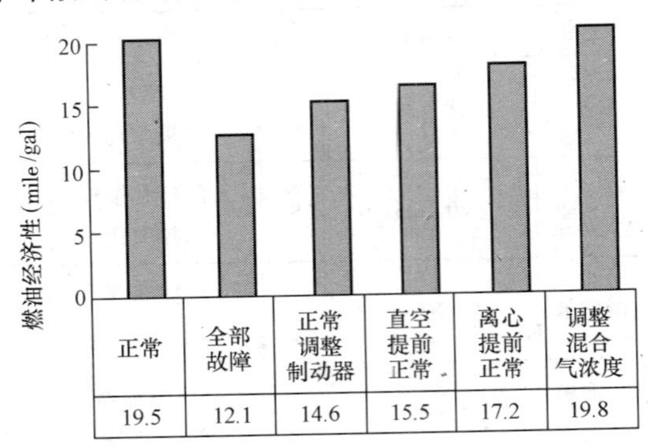

图 3-2　汽车技术状态对燃油经济性的影响

1)检查四漏(3.3.1 条)

在上车前,驾驶员绕车一周(建议从驾驶室门侧开始,逆时针方向绕车一周)检查车身外表及底盘部件的状况,首先要确认停车的地面没有油、水,再确认发动机润滑油、冷却液无泄漏痕迹,制动系统管路无漏油痕迹或漏气声,车身部分无漏电,避免机件损坏带来的油耗增加。

2)检查轮胎(3.3.1 条)

汽车行驶时,轮胎与地面相互作用而使外胎发生变形,滚动阻力系数不断变化,从而影响滚动摩擦阻力,进而影响汽车的燃油经济性。检查轮胎的重点是轮胎气压及胎面花纹间有无夹杂物。轮胎气压标准要求一般标注在驾驶员侧车门,或者参见各车型使用说明书。

轮胎充气压力大小会影响轮胎的变形量,从而影响滚动摩擦阻力。在不同路面、不同车速的情况下，轮胎充气压力对滚动阻力系数的影响如图 3-3 所示。由图可知，在硬质路面上随着轮胎充气压力的增大，滚动阻力系数明显下降。

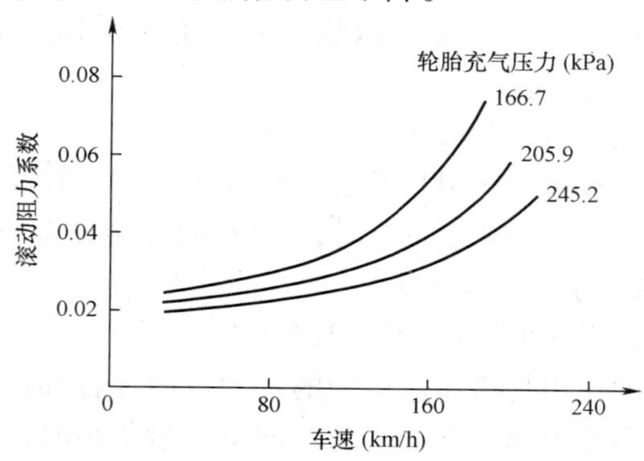

图 3-3　不同车速下轮胎压力对滚动阻力系数的影响

当轮胎气压偏低时，汽车的滚动行驶阻力增加，转向阻力增加，横向稳定性下降。据有关资料，轮胎的充气压力低于标准 20% ~25%，轮胎行驶里程减少 20%，油耗增加 10%。但是，轮胎气压也不能过高于标准气压。这是因为，在一定的负荷下，轮胎的气压过高，虽然滚动阻力有所减小，但由于轮胎与地面接触面积减少，相应地增加了胎冠的单位面积压力，加速轮胎面中部的磨损，导致轮胎使用寿命缩短。

胎面花纹间的尖锐夹杂物，在汽车行驶过程中经反复挤压有可能刺破轮胎而导致轮胎泄气，增大滚动阻力。

3）清洁车窗玻璃（3.3.3 条）

清洁车窗玻璃，保持良好的驾驶视线，是驾驶员采取预见性驾驶方法的前提。清洁的车窗玻璃和后视镜能帮助驾驶员全面地观察道路交通情况，保持轻松的驾驶心态，从容应对，平稳驾驶，在确保安全的同时，提高行驶的经济性。

4）检查发动机风扇传动带（3.3.4 条）

风扇传动带的作用是通过传递发动机曲轴的转动力来带动发动机风扇和水泵工作，为发动机散热。如果风扇传动带出现松动或老化、龟裂、起毛等现象，容易出现传动失效，发动机风扇和水泵工作异常或不工作，使发动机散热效果下降，导致冷却液温度异常升高，增加发动机油耗。

5）检查发动机冷却液（3.3.4 条）

发动机冷却液的作用是通过循环散热，使发动机维持在正常工作温度范围。冷却液量不足时，发动机温度会异常升高，相应地增加油耗，甚至引发火灾等事故。

6）检查发动机润滑油量（3.3.4 条）

润滑油的作用是给高速运转的发动机内部各部件提供润滑，减少发动机系统内部的摩擦阻力。润滑油量不足时，润滑油压力减小，运动件摩擦表面得不到充分的润滑，无法保持稳定的润滑油膜，发动机内部摩擦阻力增大，油耗增加，此外，还会加剧发动机磨损，甚至导致机件的摩擦面被烧蚀，加剧发动机的异常磨损。润滑油量过多时，发动机油底壳内润滑油油面较高，增加了发动机曲轴转动时因搅拌而损失的功率，也会增加油耗。因此发动机油底壳内润滑油油面应在润滑油尺上下限刻度间中下部为宜。

7）检查转向机构的自由行程（3.3.5 条）

转向机构是驾驶员操控汽车行驶方向的重要部件。转向机构自由行程过大时，驾驶员难以准确控制汽车的行驶方向，造成曲线行驶，不仅影响行车安全，而且还增加油耗。国家标准《机动车运行安全技术条件》（GB 7258—2004）规定最大设计车速不小于100km/h 的机动车转向盘的最大自由转动量不允许大于 20°，三轮汽车不允许大于 45°，其他机动车不允许大于 30°。作为驾驶员不能用仪器准确测量转向盘的最大自由转动量，只能凭经验判断。一般自由行程不超过两指宽度即能满足国家标准《机动车运行安全技术条件》（GB 7258—2004）的规定，能很好地控制汽车的行驶方向。

8）检查离合器踏板自由行程（3.3.6 条）

离合器是汽车传动系的重要组成部件，也是对汽车传动系机械效率影响较大的部件之一。传动部件具有较高的机械效率，将有助于减少汽车本身的功率损失，进而降低汽车的燃油消耗率。

离合器踏板没有自由行程时，可能会导致离合器主、从动盘上的摩擦片虽结合但有相对滑动，使一部分功率消耗于离合器摩擦片间无益的摩擦上；若自由行程太大，踩下离合器踏板后，离合器的主、从动盘并不能彻底分离，换挡操作困难，也会增加汽车的耗油量。

9）检查制动踏板自由行程及驻车制动器的工作状态（3.3.6 条）

制动踏板的自由行程过小时，会导致行车制动器的制动蹄片与轮毂接触而使车轮旋转阻力增大，增加功率的无效消耗；若自由行程过大，则制动不灵，影响安全行车，继续行驶时往往也是以远远低于经济车速的速度行驶，增加耗油量。

驻车制动器操纵机构工作不正常也会影响油耗，如果导致驻车制动器发卡，使车轮旋转阻力增加，相应地会增加功率的无效消耗；如果导致驻车制动效能下降，容易造成坡道溜车的现象，坡道起步时也会增加油耗。

10）起动发动机后的检查（3.3.7 条）

在静止状态下实施的检查无问题并不能代表动态下也没有问题。因此，在起动发动机后，需进一步检查确认各仪表指示灯无故障报警信号，各部件工作正常。

值得注意的是，起动发动机后，驾驶员还应重新下车检查发动机底盘，确认无漏油、漏水现象。

2. 汽车装载情况检查

1）检查货物覆盖情况（3.3.1 条）

对于装载货物的敞式载货汽车，应确认货物覆盖严实，以减少行驶中的空气阻力。

空气阻力是指汽车行驶时受到的空气作用力在行驶方向上的分力，是汽车行驶阻力的一个组成部分。当汽车低速行驶时，空气阻力所占行驶阻力的比例较小；当汽车高速行驶时，空气阻力将无法忽略，成为汽车行驶的主要阻力。

汽车的迎风阻力与汽车的空气阻力系数、迎风面积以及车速的二次方成正比，计算公式如式(3-2)：

$$F_w = \frac{C_D \cdot A \cdot v_a^2}{21.15} \tag{3-2}$$

式中：F_w——汽车受到的空气阻力，N；

C_D——空气阻力系数，其取值如表 3-5 所示；

A——汽车行驶方向的投影面积，m^2；

v_a——汽车行驶速度，km/h。

不同车型的迎风面积与空气阻力系数如表 3-5 所示。

汽车迎风面积 *A* 与空气阻力系数 C_D 表 3-5

车型	迎风面积 A(m^2)	空气阻力系数 C_D	$C_D \cdot A$ 值
典型乘用车	1.7～2.1	0.30～0.41	—
典型载货汽车	3～7	0.6～1.0	—
典型客车	4～7	0.5～0.8	—
空车	4	0.941	3.764
用篷布覆盖载货	4.65	0.816	3.794
厢式载货汽车	5.8	0.564	3.271
油罐车	4	0.716	2.864

对于汽车车身，空气阻力分为摩擦阻力和压力阻力。摩擦阻力是由空气的黏性在车身表面产生的切向力的合力在行驶方向的分力；压力阻力则是作用在汽车车身表面上的正压力的合力在行驶方向的分力，它可分为形状阻力、干扰阻力、内循环阻力和诱导

阻力。其中,形状阻力占压力阻力的大部分,与车身形状有直接的关系;干扰阻力是车身表面突起部分(如后视镜、挡泥板、门把、引水槽、悬架导向杆、驱动轴等零件)引起的气流干扰而产生的阻力;内循环阻力是发动机冷却和车身内部通风等使进入的空气在排出时流速降低所产生的阻力;诱导阻力则是空气升力在水平方向的分力。在一般的乘用车中,这几部分阻力的大致比例为:形状阻力占 58%,干扰阻力占 14%,内循环阻力占 12%,摩擦阻力占 9%,诱导阻力占 7%。由于形状阻力在空气阻力中占到近 60%,因此汽车车身的形状是影响空气阻力的主要因素。

图 3-4 为某长头载货汽车在某一速度下的空气阻力变化。若该长头载货汽车未采取任何措施时的空气阻力为 100%,当用篷布将车箱盖严后空气阻力降为 73%,当车箱改为厢式后空气阻力降为 60%,当在厢式货车上安装导流罩后空气阻力则降为 43%。

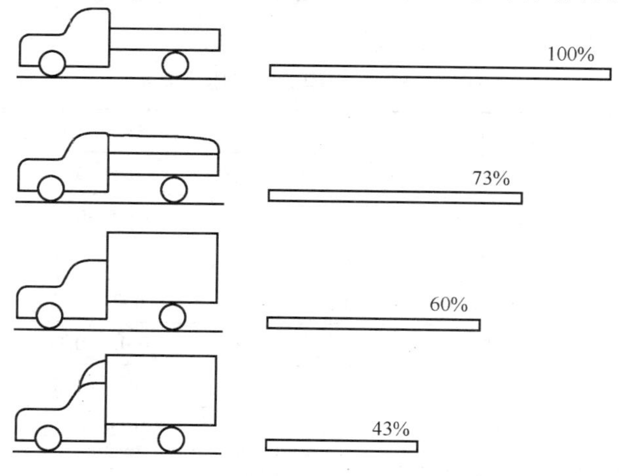

图 3-4　长头货车空气阻力比较

图 3-5 为大型载客汽车的空气阻力变化。若城市公共汽车前部车身造型的设计为方形的空气阻力为 100%,而公路客车前部车顶造型的设计具有一个坡度后空气阻力降为 80%,如果前风窗

玻璃与地面具有一个较大的角度时空气阻力降为70%，而高速客车前部造型的设计具有较好的流线型时空气阻力则为50%。

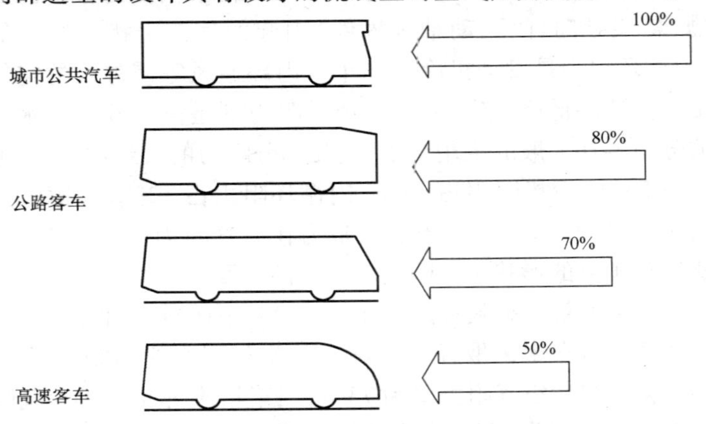

图 3-5　不同大型载客汽车头部的空气阻力变化

表 3-6 列出了不同车型的空气阻力系数。

不同车身形状车型的空气阻力系数　　表 3-6

汽车类型	空气阻力系数 C_D
敞篷车身	0.5～0.7
厢式车身	0.5～0.6
前照灯、后轮、备胎在车身内、无保险杠	0.3～0.4
前照灯及全部车轮在车身内、覆盖地板	0.2～0.25
最流线型设计	0.15～0.20
载货汽车、汽车列车	0.8～1.5
大型载客汽车	0.6～0.7
流线型大型载客汽车	0.3～0.4

研究表明，在发动机的万有特性和等速油耗曲线基础上，对空气阻力系数变化数据进行模拟分析，运用曲线拟合和回归分析的方法，可以推导出空气阻力系数变化对燃油消耗率影响的经验

公式：

$$D_q = K_1 D_k D_v + K_2 (D_k D_v)^2 \quad (3\text{-}3)$$

式中：D_q——节油率；

D_k——空气阻力系数下降率；

D_v——车速因数，$D_v = v/60$，v 为行驶速度；

K_1，K_2——拟合系数。

以东风 EQ1092F 载货汽车为例，式(3-3)的拟合系数 K_1 和 K_2 分别为 0.25419 和 1.4086×10^{-4}。对于该车型，空气阻力系数的下降率对节油率的影响如图 3-6 所示。由图可知，随着空气阻力系数下降，汽车的节油率上升，尤其在高速下节油效果更加明显。当 $D_k = 10\%$ 时，40km/h ~ 80km/h 的平均节油率为 2.9%；当 $D_k = 20\%$ 时，40km/h ~ 80km/h 的平均节油率为 5.8%。

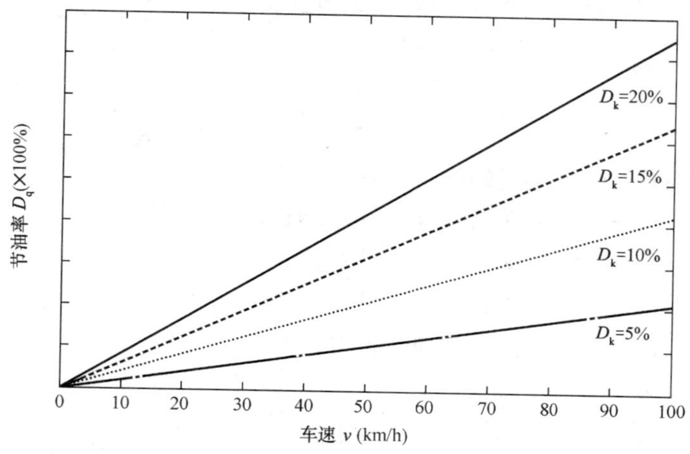

图 3-6　空气阻力系数的变化对节油率的影响

图 3-7 是 Audi 100 乘用车通过变动车身形状而具有不同 C_D 值时的实验结果。当 C_D 值从 0.42 降低到 0.3 时，其混合工况百公里油耗可降低 9%，而以 150km/h 等速行驶时的油耗可降低约 25%。

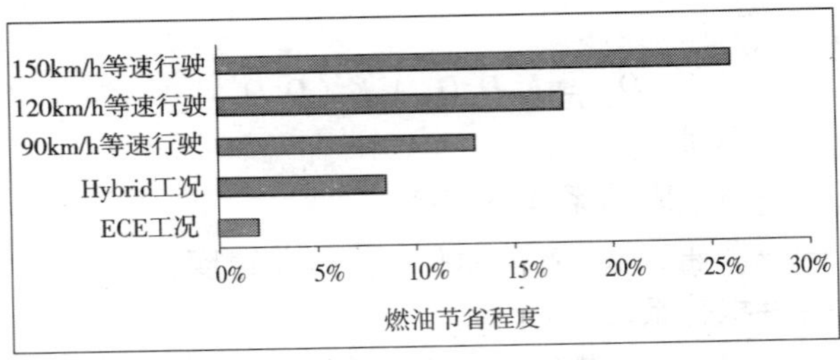

图 3-7　C_D 值降低导致的燃油节省程度

2)检查并移出车内不必要的物品(3.3.2 条)

车内不必要的物品将增加汽车的总重,汽车总重增加时,汽车克服滚动阻力所消耗的功率以及加速时消耗的功率增加,需要消耗更多的燃油,小型客车内过多的不必要物品将明显增加汽车油耗。汽车总重影响与汽车行驶阻力的关系见式(3-4):

$$F_t = F_f + F_w + F_i + F_j = G \cdot f + \frac{C_D \cdot A \cdot v_a^2}{21.15} + G \cdot i + \delta \cdot \frac{G}{g} \cdot j_a \tag{3-4}$$

式中:F_t——汽车受到的行驶阻力,N;

F_f——汽车受到的滚动阻力,N;

F_w——汽车受到的空气阻力,N;

F_i——汽车受到的坡度阻力,N;

F_j——汽车受到的加速阻力,N;

G——汽车总重,N;

f——滚动阻力系数;

C_D——空气阻力系数;

A——汽车行驶方向的投影面积,m^2;

v_a——汽车行驶速度,km/h;

i——道路坡度;

δ——汽车旋转质量换算系数,$\delta > 1$;

g——重力加速度，$g=9.8\mathrm{m/s^2}$；

j_a——汽车行驶加速度，$\mathrm{m/s^2}$。

由式(3-4)可知，汽车总重量 G 将直接影响汽车的滚动阻力、坡度阻力和加速阻力。图 3-8 给出了某型重型自卸车的油耗与汽车总质量的关系曲线，从图中可看出，随着汽车总质量的增加，油耗明显升高。

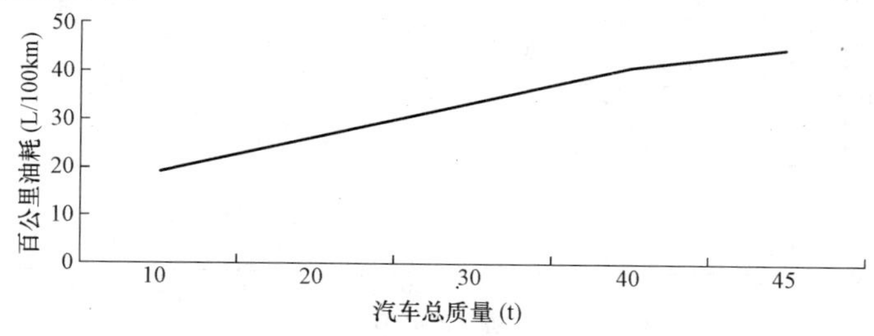

图 3-8　汽车总质量对油耗的影响

按照美国阿贡国家实验室(Argonne National Laboratory，U. S. A)于 2007 年 12 月提出的研究结论，对于乘用车而言，与发动机排量相比，整备质量成为了燃油消耗量更主要的影响因素。图 3-9、图 3-10 所列出的统计学规律可以支持上述结论，该图对 97 款国内乘用车的百公里等速油耗的变化趋势进行了统计分析，同时对 151 款日本车型在 10～15 工况下的百公里油耗变化趋势进行了对比分析；表 3-7 则显示了由一阶拟合得到的燃油消耗量受发动机排量和整备质量影响的规律。

燃油消耗量规律拟合公式　　表 3-7

国家	车型数	油耗与排量的关系（一阶拟合）	油耗与整备质量的关系（一阶拟合）
中国	97	油耗 =0.0026 ×（排量）+2.5964	油耗 =0.0055 ×（整备质量）+0.1556
日本	151	油耗 =0.0021 ×（排量）+3.8625	油耗 =0.0058 ×（整备质量）+0.3641

对照图 3-9、图 3-10 和表 3-7 可知，不同车型的百公里油耗基

本上随着发动机排量和整备质量线形变化；比较而言，汽车整备质量对百公里油耗的影响则更为显著。

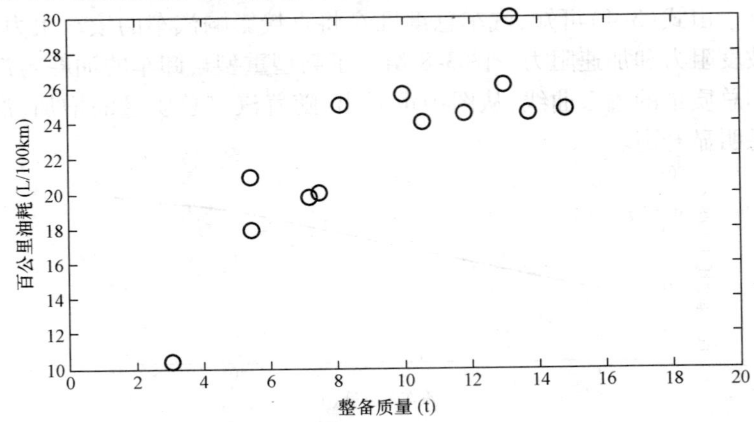

图 3-9　客车油耗与整备质量的关系

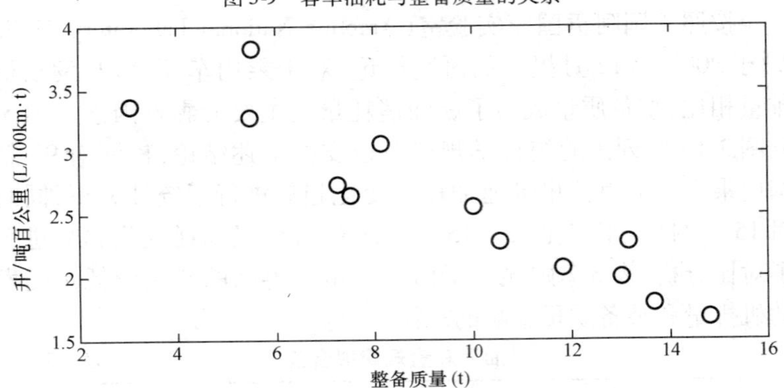

图 3-10　客车单位质量百公里油耗与整备质量的关系

研究表明，一般乘用车自重减轻 10%，可降低燃油消耗量 8%；中型车辆自重降低 20%，也可降低燃油消耗量 8%。

因此，出车前应检查并清除车内不必要的物品，减轻汽车的质量，有效地减小汽车滚动阻力，进而改善汽车的燃油经济性。

第四部分　关于"4 驾驶操作"的释义

驾驶员对汽车的操控行为——汽车驾驶操作是影响汽车燃油消耗的关键环节，驾驶习惯最差的驾驶员与驾驶习惯最好的驾驶员能使汽车燃油消耗相差30%。欧洲相关研究机构研究发现不同的驾驶方式对燃油消耗量的影响非常显著，即使不是极端行为，驾驶方式不同产生的差异也相差十多个百分点。本部分是关于行车过程中驾驶操作的方法，分为发动机起动、车辆预热、起步、换挡变速、加速、减速、车速控制、转向控制、特殊路段驾驶、行车温度控制、空调使用、发动机熄火、行车中检查、停车14个部分。

【条文】

4　驾驶操作

4.1　发动机起动

4.1.1　电喷汽油发动机起动

汽车在起动时，应将变速器挡位置于空挡位置(自动变速器汽车挡位应置于"P"挡或"N"挡)，踩下离合器踏板(自动变速器汽车踩下制动踏板)，打开点火开关至起动位置，发动机顺利起动后立即松开，点火开关在起动位置的时间不应超过5s。起动过程中不应踩加速踏板。

【释义】

本部分是关于电喷汽油发动机起动的操作方法。

发动机起动包括常温起动、冷起动和热起动三种。现代电喷汽油发动机起动时对大气温度已不太敏感，无论是常温起动、热起动，还是冷起动，驾驶员只需在起动时将变速器挡位置于空挡位置，踩下离合器踏板，打开点火开关至起动位置，起动发动机。发动机一旦起动，应立即松开点火开关，勿使起动机随发动机一起运转，导致起动机损坏。

自动变速器汽车在起动时，驾驶员应将挡位置于“P”挡或“N”挡，踩下制动踏板，打开点火开关至起动位置，起动发动机。

电喷汽油发动机起动时，发动机控制单元自动控制燃油供给量，因此，驾驶员在起动过程中不应踩加速踏板给发动机提供额外的燃油。

【条文】

4.1.2 柴油发动机起动

4.1.2.1 柴油发动机常温起动及热起动时，操作方法同 4.1.1。

4.1.2.2 柴油发动机冷起动时，应首先开启发动机预热系统，在充分预热后再按 4.1.1 进行起动操作。如果一次起动未能成功，应重新进行预热，间隔 15s 后再次起动。

【释义】

本部分是关于柴油发动机起动的操作方法。

冬季严寒时，柴油发动机起动困难的主要原因如下：

首先，机油在低温时黏度大、润滑作用不良，造成发动机起动时曲轴的旋转阻力矩增加，使起动转速降低，汽缸内气流扰动作用变差，燃油与空气的混合不均匀。

其次，随着温度降低，燃油的挥发性显著下降，黏度和相对密度增大，流动性较差，雾化效果差，相当一部分燃油以液态进入汽缸，造成混合气的浓度不足。

最后，低温时蓄电池电解液浓度加大，向极板的渗透能力下降，内阻增加，电池的端电压下降，供电能力不足，以致起动机无力拖动发动机旋转或达不到最低的起动转速。

因此，在寒冷地区的汽车最好是停放在保暖的车库，而对于露天停放的汽车，发动机应采取冷起动的措施，包括：

（1）采用低温黏度低的机油。

（2）起动前采用预加热装置预热，以提高发动机进气温度，改善燃油雾化。

柴油发动机常温起动、热起动与汽油发动机一样。柴油发动机冷起动时应首先开启发动机预热系统，在根据汽车使用说明书的要求充分预热后再进行起动操作。如果一次起动未能成功，应重新进行预热后再起动。间隔 15s 后起动的目的是使蓄电池恢复足够供电能力，使起动机拖动发动机旋转达到最低的起动转速。

【条文】

4.2　车辆预热

4.2.1　发动机预热

4.2.1.1　非增压发动机起动成功后，应在原地保持发动机怠速运转不超过 1min，在此期间不应使发动机高速空转。

4.2.1.2　增压发动机起动成功后，应在原地保持发动机怠速运转 1min 以上，在此期间不应使发动机高速空转。

【释义】

本部分是关于在常温条件下进行发动机预热的操作方法。

现代电喷发动机采用了新工艺、新材料，不要求对发动机长时间怠速预热。过长的怠速预热不但无谓地消耗燃油（约 1L/h 以上），而且发动机排气温度较低，发动机机外净化装置不能正常工作，排气中的 HC、CO 污染物的浓度要比正常行驶时高得多。研究显示，现代发动机制造所有的材料及工艺有了长足的进步，起动时对发动机造成的磨损与发动机正常运转时造成的磨损相差无几，而发动机长时间怠速尤其是导致三效催化转换器提前损坏，反而加大了发动机的故障风险。电喷发动机系统是通过各种传感器将发动机的温度、空燃比状况、发动机的转速、负荷、曲轴位置、汽车行驶状况等信号输入电子控制装置，电子控制装置综合这些信号参数计算并控制发动机各汽缸所需要的喷油量和喷油时刻。电喷发动机在怠速期间电子控制装置会自动增加喷油量，自动调节油气混合气浓度保证怠速运转。因此，电喷发动机在怠速期间不应人为地踩加速踏板提高发动机转速，防止发动机怠速熄火而造成燃油浪费。因此，在气温不太低的情况下，非增压发动机起动后在原地怠速运转不应超过 1min，而应立即起步。

而对于增压发动机，为了使增压器轴承和旋转件得到充分润滑，在起动成功后应先保持发动机怠速运转 1min 以上再起步，怠速期间也不应踩加速踏板使发动机高速空转，避免增压器损坏。

【条文】

4.2.1.3 在冬季气温较低时，发动机预热时间应适当延长，使发动机冷却液温度达到 40℃左右。

【释义】

本部分是关于在冬季气温较低时进行发动机预热的操作

方法。

环境温度直接影响发动机的润滑系统、进排气温度和进出冷却液温度,对燃油经济性有重要影响。图 4-1 显示了发动机的冷却液温度变化对其比油耗的影响规律。

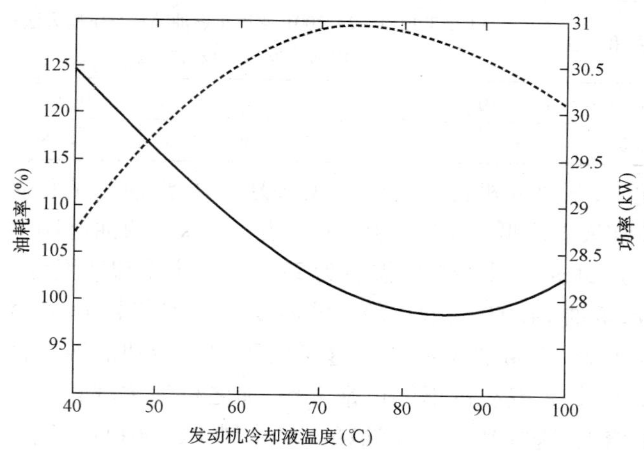

图 4-1　冷却液温度对发动机油耗率的影响

发动机温度过低,则润滑油黏度大、摩擦阻力大;而且会使汽缸进气温度低,燃油蒸发慢、不易雾化,混合气点火困难,燃烧不充分,这些都增加了汽车的油耗。

某大学利用高低温模拟环境试验仓,深入研究了温度、湿度等环境对整车燃油经济性的影响,表 4-1 列出了试验条件和试验车辆。

该试验结果表明:温度对汽车燃油经济性能的影响并不是简单的比例关系,环境温度高于常温时,温度对于汽车的影响相对比较稳定,高温与低温的油耗相比相差悬殊。跟常温相比,－10℃时的燃油经济性降低高达 45% 左右,0℃时的燃油经济性降低 22% 左右。

环境影响试验的试验条件 表 4-1

<table>
<tr><td>试验条件</td><td colspan="18">具 体 内 容</td></tr>
<tr><td>试验设备</td><td colspan="18">高低温模拟环境实验舱</td></tr>
<tr><td>试验车辆</td><td colspan="18">解放 6t 系列军用货车、解放 28t 平头货车</td></tr>
<tr><td>试验依据和方法</td><td colspan="18">GB/T 12545.2—2001 商用车燃油消耗量试验方法;
DOE 正交试验设计方法</td></tr>
<tr><td>试验温度(℃)</td><td colspan="3">-10</td><td colspan="3">0</td><td colspan="3">10</td><td colspan="3">20</td><td colspan="3">30</td><td colspan="3">40</td></tr>
<tr><td>相对湿度(%)</td><td colspan="2">30</td><td colspan="2">30</td><td colspan="2">30</td><td colspan="2">80</td><td colspan="2">30</td><td colspan="2">80</td><td colspan="2">30</td><td colspan="2">80</td><td colspan="2">80</td></tr>
</table>

此外,某研究机构进行的东风 EQ1090E 汽油车试验表明,发动机冷却液温度低于 40℃时汽车起步,前 5km 的油耗明显增加。同样行驶 5km,起步冷却液温度为 22℃与起步冷却液温度为 40℃相比较,费油 14.03%;起步冷却液温度为 30℃与起步冷却液温度为 40℃相比较,费油 6.47%。这是由于起步冷却液温度低时,燃油雾化效果差,发动机不能正常工作,加之机油黏度较大,摩擦损失功率增加,这些都会增加油耗。对东风 EQ1061TZ 柴油车试验表明,发动机达到 40℃的油耗比达到 60℃时要低 50%。汽车起步冷却液温度与燃油消耗的关系如图 4-2。

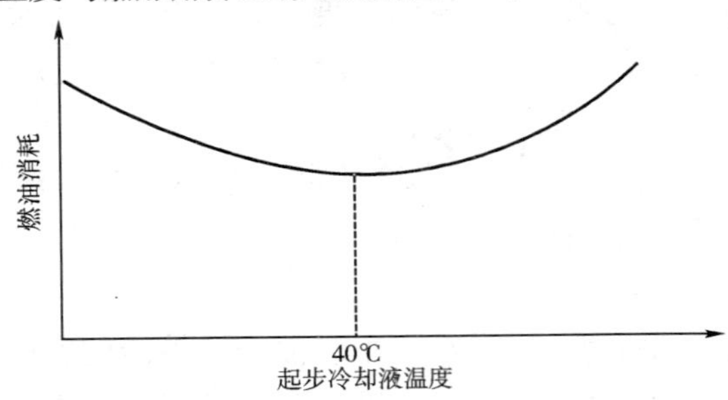

图 4-2 汽车起步冷却液温度与燃油消耗的关系

因此,为了节省燃油,应该待发动机冷却液温度升到 40℃以上起步行驶。由此在冬季气温较低时,发动机预热时间应适当延长。

【条文】

4.2.2　底盘预热

4.2.2.1　在发动机预热、汽车起步后，应先以 20km/h ~ 40km/h 的速度低速行驶 1km ~ 2km，之后再以正常速度行驶。在冬季气温较低时，低速行驶的距离应适当延长至 3km ~ 4km。

【释义】

本部分是关于汽车底盘预热的操作方法。

发动机经适当的怠速预热后起步，此时仍非发动机的最佳工作温度，而且汽车底盘的传动轴、传动系统的变速器、主减速器的齿轮等部件仍然没有得到预热和润滑，因此在汽车起步的最初阶段，仍需边行车边预热一段距离。汽车预热包括发动机预热及底盘预热。汽车停车怠速预热不会给汽车底盘部分预热，汽车底盘部分预热必须通过行车过程来实现。汽车预热的最佳方案是使发动机和底盘部分同时得到充分预热。

汽车起步后，在气温不太低的情况下，应以低挡、20km/h ~ 40km/h 的速度行驶 1km ~ 2km，让发动机、变速器、轴承等一同预热，使汽车得到全面润滑。在冬季气温较低时，低速行驶距离应适当延长至 3km ~ 4km。

【条文】

4.2.2.2　气压制动的汽车应在储气罐内的气压达到安全行车要求后，再按 4.2.2.1 操作。

【释义】

本部分是关于装配有气压制动的汽车预热的操作方法。

我们倡导怠速预热时间短及低速行车预热的汽车驾驶节能操作模式,由于发动机怠速时间很短,对于气压制动的汽车储气罐内的气压有可能未达到安全行车要求,驾驶员起步前必须确认制动气压达到正常值后再起步,消除行车安全隐患。

【条文】

4.3 起步

4.3.1 平路起步

4.3.1.1 手动变速器汽车平路起步步骤如下:

a)左脚完全踩下离合器踏板,将变速器操纵杆置于“1”挡(部分大型车辆空车时应置于“2”挡);

b)松开驻车制动,左脚先稍快松抬离合器踏板,待离合器处于半联动位置时(传动机件稍有振抖、发动机声音略有变化),右脚轻踩加速踏板,同时左脚再缓抬离合器踏板,汽车平稳起步;

c)小型汽车起步后应在汽车移动一个车身距离内将挡位升到高一级挡位。

【释义】

本部分是关于手动变速器汽车平路起步的操作方法,主要包括加速踏板与离合器踏板配合、起步挡位选择。

1. 加速踏板与离合器踏板配合

手动变速器汽车平路起步要做到发动机既不熄火又能省油,

关键在于驾驶员正确掌握抬离合器踏板和踩加速踏板的要领，做好“油离配合”。

离合器踏板的操作要领是“猛踩慢松”，其含义是，需要断开动力传递时（例如起动发动机、准备换挡），要迅速、完全地踩下离合器踏板，使主、从动盘上的摩擦片彻底分离；需要重新恢复动力传递时（例如汽车起步、换挡完毕），则应缓缓地松抬离合器踏板，使主动盘摩擦片和从动盘摩擦片缓缓地结合在一起，逐步达到同步速度。如果汽车起步时离合器松抬过猛，则可能导致车身发抖、汽车猛地前蹿，甚至出现发动机熄火。

加速踏板的操作要领是“轻踩缓抬”，其含义是应慢慢地、均匀地踩加速踏板，而非猛踩加速踏板，采用急加速的方式，甚至让发动机发出“呜呜”的轰鸣声；松抬加速踏板时，应缓缓地松开，保证发动机转速变化平稳，防止车速急剧下降，乘坐舒适性很差。

表 4-2 是东风 EQ1090E 汽油车起步加速时加速踏板控制对油耗的影响，试验结果如图 4-3 所示。试验表明，东风 EQ1090E 汽油车起步连续换挡加速到 40km/h，踩加速踏板的力度比平时稍轻时，油耗要降低 14.3mL，起步加速时间延长 4.7s；踩加速踏板的力度比

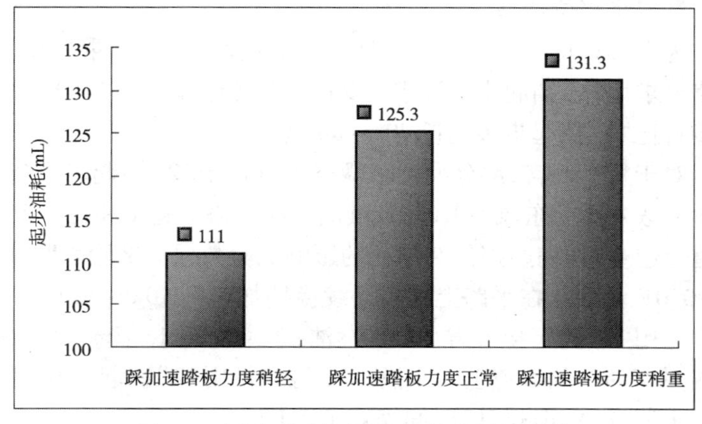

图 4-3　平路起步时加速踏板控制对油耗的影响

平时稍重时，油耗要增加 6mL，起步加速时间缩短了 1.1s。

汽车平路起步时加速踏板控制对油耗的影响 表 4-2

序　号	踩加速踏板力度正常		踩加速踏板力度稍轻		踩加速踏板力度稍重	
	油耗(mL)	时间(s)	油耗(mL)	时间(s)	油耗(mL)	时间(s)
1	126	36	115	38	125	34
2	124	34	118	38	132	32
3	126	34	109	39	126	34
4	132	36	108	37	134	34
5	120	34	111	40	135	33
6	124	33	110	38	133	33
7	124	35	112	40	132	33
8	126	35	108	39	132	33
9	127	34	109	41	131	34
10	125	33	110	41	133	33
平均值	125.3	34.4	111.0	39.1	131.3	33.3

2. 起步挡位选择

为了实现良好的燃油经济性和可靠起步，客车和乘用车一般严格要求用“1”挡起步。以宇通 9m 客车的起步试验为例，“2”挡起步将比“1”挡起步多消耗 70g～80g 燃油。

对于货车而言，部分大型车辆空车时置于“2”挡起步更省油。表 4-3、表 4-4 为东风 EQ1090E 汽油车在平路上起步和在 5.5% 的坡道上起步时，初始挡位对油耗的影响试验数据。试验表明，东风 EQ1090E 汽油车在平路上起步连续换挡加速到 40km/h，用“2”挡起步比用“1”挡起步节省 10mL 燃油，距离缩短 13.7m，时间减少 3.1s；在 5.5% 的坡道上起步换到“3”挡时，用“2”挡起步比用“1”挡起步节省 19mL 燃油，时间缩短了 5.02s。

汽油车平路起步加速初始挡位对油耗的影响　　表 4-3

起步挂挡	油耗（mL）	行驶距离（m）	行驶时间（s）	油耗差（mL）	距离差（m）	时间差（s）
1 挡	120	272.4	41.2	10	13.7	3.1
2 挡	110	258.7	38.1			

汽油车坡路起步加速初始挡位对油耗的影响　　表 4-4

起步挂挡	油耗（mL）	行驶时间（s）	油耗差（mL）	时间差（s）
1 挡	41.9	10.41	19	5.02
2 挡	22.9	5.39		

表 4-5、表 4-6 为东风 EQ1061TZ 柴油车在平路和缓坡道上起步，急踩加速踏板至节气门全开位置加速和在规定的转速处换至高一挡时，初始挡位对油耗的影响试验数据。试验表明，东风 EQ1061TZ 柴油车在平路和坡道上起步，用“2”挡比用“1”挡分别节油 4mL 和 2.66mL，所达到的车速略有增加。

柴油车平路起步加速初始挡位对油耗的影响　　表 4-5

起步挂挡	换挡的发动机转速（r/min）	加速距离（m）	时间（s）	达到车速（km/h）	试验油耗（mL）	百公里油耗（L/100km）
1 挡	2200	400	38.46	61.0	111.6	27.9
2 挡	2200	400	38.94	64.0	107.6	26.9

柴油车在 5% 坡道起步加速初始挡位对油耗的影响　表 4-6

起步挂挡	换挡的发动机转速（r/min）	加速距离（m）	时间（s）	达到车速（km/h）	试验油耗（mL）	百公里油耗（L/100km）
1 挡	2600	100	17.20	32.5	55.82	55.82
2 挡	2600	100	16.76	34.0	53.16	53.16

可见，货车在坚实平坦道路上起步，用“2”挡既可以满足动力

性的要求，又比用“1”挡省油。当汽车的起步阻力很大时，如在坑洼、凸凹或泥泞道路上，以及拖带挂车和半挂车满载时起步，才需要选择“1”挡。

汽车起步后，需要克服的惯性作用力大大减小，而滚动阻力增加不大，此时不再需要发动机提供较大的转矩。根据高挡位行驶节油原理可知，减小变速器的传动比，可以提高发动机的负荷率，降低发动机的燃油消耗率，因此，小型汽车平稳起步后应尽快升入高一级挡位，即在汽车移动一个车身距离内将挡位升到高一级挡位，且随着车速的提高，应尽快升至最高挡行驶，尽量减少用低挡行驶的时间。

【条文】

4.3.1.2　自动变速器汽车，应将变速器操纵杆置于“D”挡，松开驻车制动，右脚轻踩加速踏板，汽车平稳起步。

【释义】

本部分是关于自动变速器汽车平路起步的操作方法。

在平路上，待自动变速器汽车发动机起动后，驾驶员应将变速器操纵杆置于“D”挡区，此时，汽车的换挡操作完全由自动控制装置根据车速、发动机负荷、发动机转速等参数自动计算和控制，因此，自动变速器汽车起步要做到节省燃油，关键在于驾驶员正确掌握踩加速踏板的要领，避免猛踩加速踏板。

【条文】

4.3.2　上坡起步

4.3.2.1　手动变速器汽车上坡起步步骤如下：

a)左脚完全踩下离合器踏板，将变速器操纵杆置于“1”挡；

b)拉紧驻车制动，右脚轻踩加速踏板提高发动机转速(坡度越大，需提高的转速越高)，这时松抬离合器踏板到半联动位置；

c)当听到发动机声音发生变化时缓缓放松驻车制动，同时逐渐踩下加速踏板和缓抬离合器踏板，汽车平稳起步。

【释义】

本部分是关于手动变速器汽车上坡起步的操作方法。

相对平路起步而言，汽车上坡起步时，除了要克服滚动阻力外，还需要克服一个向坡下滑的惯性力，往往需要发动机提供更大的转矩，而且坡度越大，要求发动机提供的动力也越大。因此，汽车坡路起步应将变速器操纵杆置于“1”挡位置。汽车坡路起步节油必须做到发动机不熄火、汽车不溜车，其关键在于操纵驻车制动、离合器踏板和加速踏板的动作相互配合得当，踩加速踏板的动作适当。

【条文】

4.3.2.2　自动变速器汽车，应根据坡度情况选择变速器操纵杆的位置(见4.4.1.2)，放松驻车制动的同时，逐渐踩下加速踏板，使汽车平稳起步。

【释义】

本部分是关于自动变速器汽车上坡起步的操作方法。

自动变速器汽车在上坡起步时，需根据坡度的情况选择变速器操纵杆的位置,比如陡坡起步时应将变速器操纵杆置于“1”挡位置,确保汽车起步时发动机能提供足够的驱动力,保证起步平稳。此外,坡路起步时,还应避免猛踩加速踏板,以免浪费燃油。

【条文】

4.4 换挡变速

4.4.1 挡位选择

4.4.1.1 手动变速器汽车,应根据发动机运行的经济转速(部分汽车发动机转速表绿色区域)选择挡位:

a)保持发动机在经济转速区域内的较低转速下运转,尽量选择高挡位;

b)发动机的转速高于经济转速区域时,及时选择升挡;

c)发动机的转速低于经济转速区域时,迅速选择降挡。

【释义】

本部分是关于手动变速器汽车挡位选择的方法,通过选择合适的挡位和及时升、降挡,使发动机运行的转速保持在最低比油耗区域。

1. 发动机的工作特性与油耗的关系

当发动机转速一定时,发动机的比油耗将跟随发动机负荷变化的关系,称为发动机的负荷特性,典型发动机的负荷特性如图4-4 所示。

由图可知,无论是汽油机还是柴油机,在转速一定的条件下,发动机的比油耗都存在一个最低点;一般的,当负荷率在 80% ~ 90% 时,比油耗降到最低,其燃油经济性最好;当负荷率较低或很高时,发动机的比油耗都会大幅升高,燃油经济性都会变差。

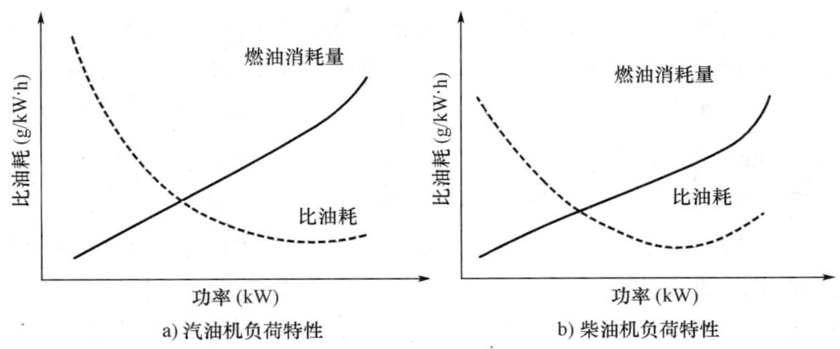

图 4-4　发动机的负荷特性

当发动机节气门开度固定不变时,发动机的比油耗、功率等性能指标随着发动机转速的变化关系,称为发动机的速度特性。节气门全开时的速度特性,也称为发动机的外特性。典型的发动机外特性曲线如图 4-5 所示。

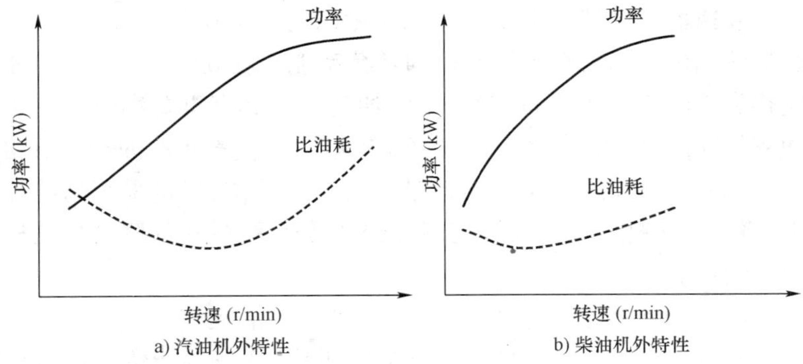

图 4-5　发动机的外特性

由图 4-5 可知,在节气门开度固定的前提下,随着发动机转速的上升,无论是汽油机还是柴油机,其比油耗都是先逐渐降低,并在某一转速区间达到最低点,然后,随着发动机转速的进一步提高,比油耗将明显增大。对比汽油机与柴油两者的外特性曲线可以看出:

(1)柴油机的工作转速区间较窄,一般在800r/min ~2500r/min之间,而汽油机的工作转速区间较宽,一般在1000r/min ~4500r/min之间,甚至更高;相应的,柴油机的经济转速区间大致在1400r/min ~1800r/min之间,而汽油机的经济转速区间大致在1800r/min ~2200r/min之间,即汽油机的经济转速区间要高于柴油机。

(2)汽油机的比油耗随着转速变化,曲线变化趋势较陡,而柴油机的比油耗曲线在其工作转速范围内变化较为平缓,比油耗受转速影响不是特别明显;而且,相同排量的柴油机和汽油机,前者的比油耗总体上比后者更低一些。

由以上分析可知,为了获得良好的燃油经济性,驾驶员应该遵循该发动机的负荷特性和外特性规律来进行操作,保证发动机的负荷率在80% ~90%、转速位于经济转速区间。

2.挡位选择与油耗的关系

变速器不同挡位下发动机到轮胎间的传动比是不一样的,驾驶员的挡位选择关系到发动机的负荷率能否在80% ~90%、转速能否位于经济转速区间,对汽车的油耗水平具有重要影响。使用功率相同的发动机,而匹配不同的变速器,可使汽车的油耗上下相差10%以上。如果驾驶员合理选择变速器挡位,尽量采用高挡行驶,将有助于把发动机转速控制在经济转速区域,进而降低发动机的比油耗。

1)变速器挡位数与油耗

变速器与发动机的性能匹配非常重要,变速器挡位的数目对汽车的燃油经济性影响显著。变速器挡位越多(图4-6a)、图4-6b)),可使相邻挡位之间的传动比级差减小,进而使发动机处于低油耗转速区间的机会增大(图4-6c)),有利于提高汽车的燃油经济性。早期汽车变速器的挡位数量较少,近年来乘用车手动变速器基本上采用5个挡位,有的采用更多的挡位。

当挡位无限多时,便成了无级变速器。无级变速器使发动机

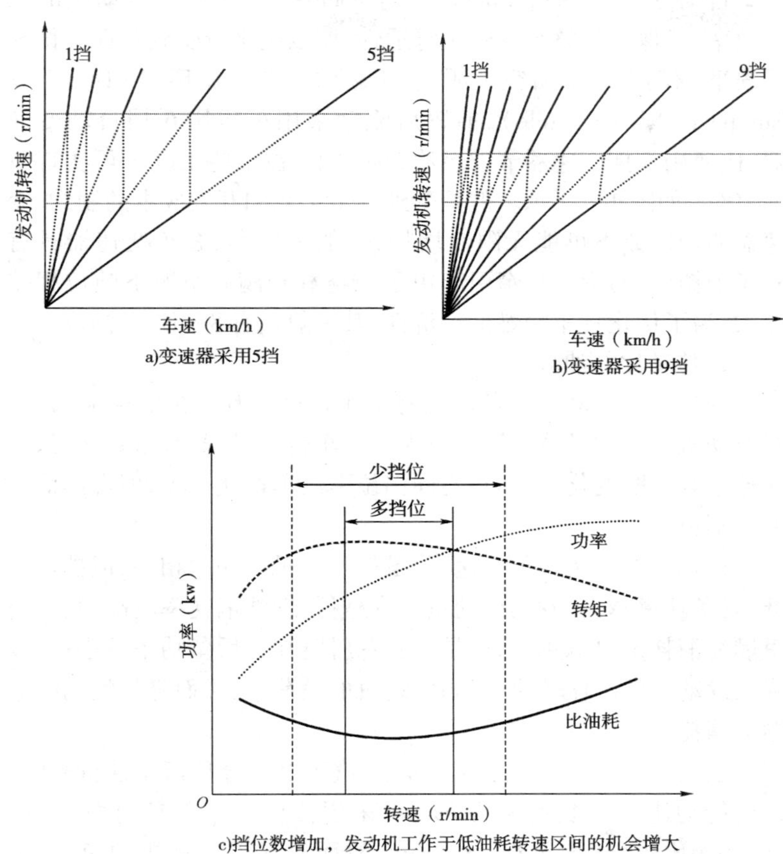

图 4-6 变速器挡位数对发动机油耗的影响

在任何条件下都保持最经济的工况工作成为可能。目前,在乘用车上得到广泛应用的无级变速器大部分为自动液力变速器。不过由于液力变矩的传动效率较低,汽车装有自动液力变速器后,燃油经济性均有所下降。若无级变速器能始终维持较高的机械效率,则汽车的燃油经济性将显著提高。

自动变速器(AT,Automatic Transmission)提高了发动机的工作效率,又保障了整车的驾驶舒适性,所以越来越受到欢迎。德国采埃孚(ZF)公司的研究表明,基于新欧洲驾驶循环(NEDC, New European Driving Circle),前置后驱动乘用车运用6挡自动变速器,比使用5挡变速器节省燃油5%以上,在某些工况下可实现节油10%,如图4-7所示。但是受到技术工艺和开发成本的制约,变速器的挡位数不可能无限制增加,一般乘用车、客车变速器具有5~6个挡位,而货车和牵引车由于在空载和满载情况下吨位相差较大,为了优化货车的燃油经济性,其一般具有8~12个挡位。

2)传动比与油耗

变速器的传动比对发动机的工作转速具有直接的影响,因此对发动机的燃油经济性影响较大。汽车行驶过程中,道路状况、交通流量等不断变化,虽然在不同挡位下汽车都能行驶,但燃油消耗率差别很大。

在相同道路条件与车速下,虽然发动机的功率相同,但挡位越低,后备功率越大,发动机的负荷率越低,燃油消耗率越高,其百公里燃油消耗量也就越大;但是,使用高挡位时,后备功率较小,可以降低发动机的工作转速,提高发动机的负荷率,进而降低发动机的燃油消耗率。

在图4-8a)中,传动比 $i_1 < i_0$,当汽车以部分负荷特性行驶时,采用传动比 i_1 的负荷率为 ab/ac,采用传动比 i_0 的负荷率为 ab/ad,两相比较,显然 $ab/ac > ab/ad$,故而提高了发动机的负荷率,降低了燃油消耗率。特别是对于最高车速高、比功率大的乘用车,在一般公路上用超速挡行驶明显比用直接挡行驶省油,故有的汽车甚至设置了2个超速挡。

由图4-8a)可知,若传动比为 i_0,阻力功率曲线刚好与左侧发动机功率曲线相交于最大功率点,此时的车速 V_0' 恰为发动机最大功率对应的车速,该车速最高。若传动比为 i_1,则发动机功率曲线

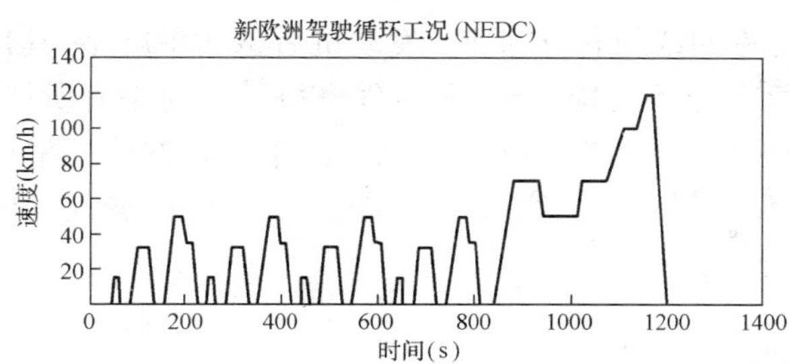

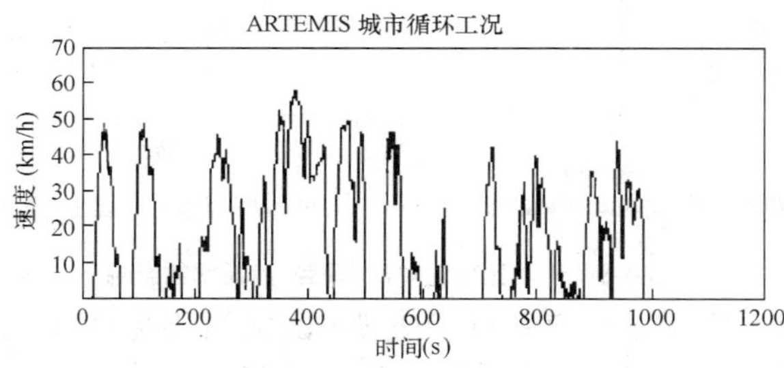

a)新欧洲驾驶循环工况（NEDC）与ARTEMIS城市循环工况

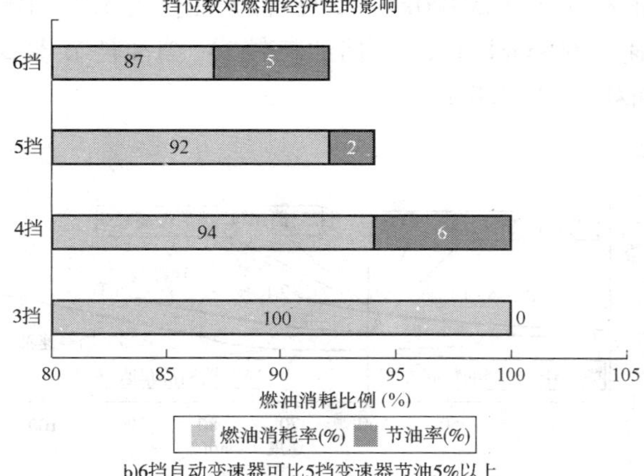

b)6挡自动变速器可比5挡变速器节油5%以上

图 4-7　挡位数对燃油经济性的影响

落在 i_0 功率曲线的右方，此时，发动机后备功率减小，其最大功率对应的车速 v_1 不可能实现；不过发动机的负荷率有所提高，燃油经济性得到改善。如图 4-8b）所示，汽车的燃油消耗率从 A 点下降到 B 点。因此，为了实现汽车的燃油经济性，变速器的传动比选择小一点比较好。

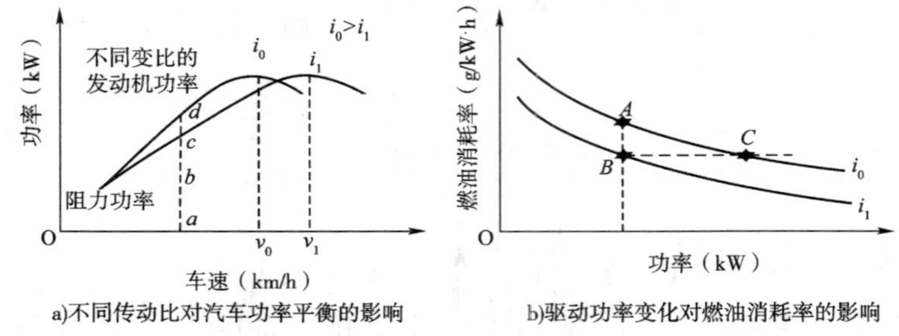

图 4-8　传动比变化对汽车燃油消耗率的影响

瑞风 7 座汽油车道路试验表明（试验结果见图 4-9），该车以 60km/h 的速度行驶时，“3”挡行驶的油耗为 9.1L/100km，“4”挡行驶的油耗为 6.9 L/100km，“5”挡行驶油耗为 5.2L/100km，不难发现车速为 60km/h 时，“5”挡油耗较“4”挡油耗节省 24.6%，较“3”挡油耗节省 42.8%。

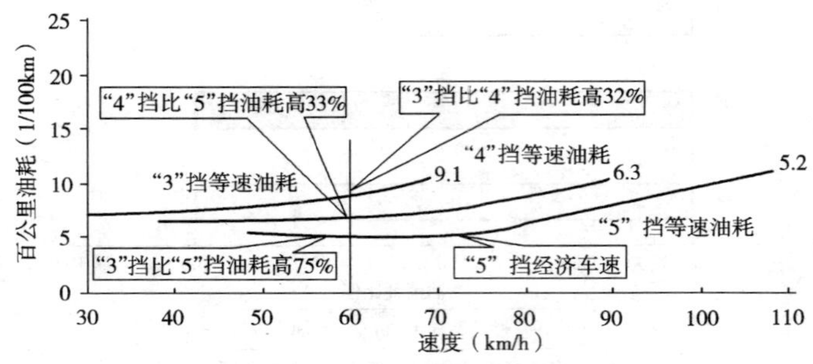

图 4-9　瑞风 7 座汽油车各挡位的等速油耗曲线图

图 4-10 为一起亚远舰（YQZ7180）乘用车“4”挡及“5”挡等速行驶油耗数据，图 4-11 为某桑塔纳 3000（SVW7182CQi）乘用车“4”挡及“5”挡等速行驶油耗数据。可以看出，两种车型使用“5”挡行驶比“4”挡油耗要降低近 10%，驾驶时应及早换入最高挡，尽量使用高速挡驾驶。

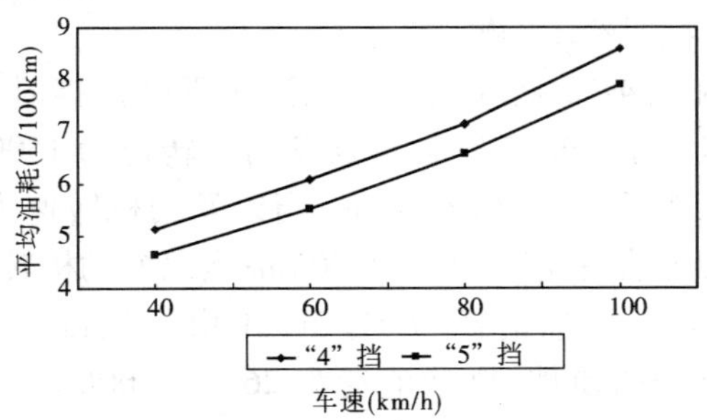

图 4-10　起亚远舰（YQZ7180）“4”挡及“5”挡等速行驶油耗曲线

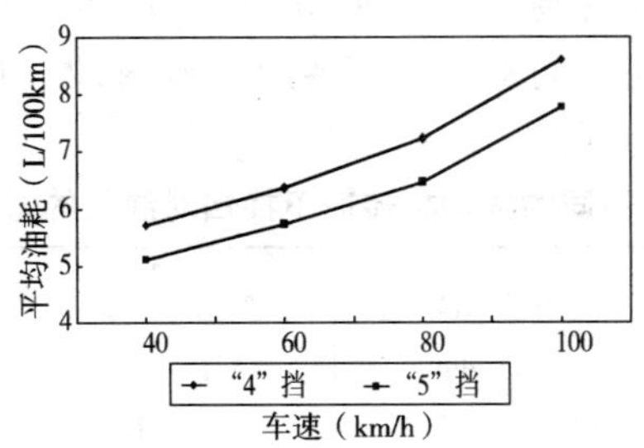

图 4-11　桑塔纳 3000（SVW7182CQi）“4”挡及“5”挡等速行驶油耗曲线

总体而言，在车速和路况允许的情况下，驾驶员应尽量选择高挡行驶。一般的，乘用车和客车具有 5 ~ 6 个前进挡，而货车具备 8 ~ 12个前进挡。“1”挡和“2”挡属于低速挡，主要用于汽车起步、爬陡坡和牵引力需求大的路面，由于低速挡燃油消耗率高，因此不适合长距离使用；“3”挡为中速挡，适用于转急弯、窄路或窄桥会车及通过困难路段等，也不适合于长距离行驶；“4”挡和“5”挡为高速挡，其传动速比小，传递到车轮上的转矩小，但是维持的车速高，是良好路面上正常行驶常用的挡位。

3）及时升挡、降挡

换挡时机的把握（换挡时发动机转速区间的选择）是驾驶节能的重要环节，换挡时应选择在发动机接近经济转速情况下进行换挡，需要换挡时绝不“拖泥带水”。

表 4-7 和图 4-12 是瑞风 7 座汽油车不同换挡时机的油耗试验，汽车从“1”挡换至“5”挡，当以发动机转速为 1500r/min 时开始换挡，燃油消耗为 14.6L/100km；当以发动机转速为 2000r/min 时开始换挡，燃油消耗为 20.3L/100km；当以发动机转速为 2500r/min 时开始换挡，燃油消耗为 21.2L/100km；当以发动机转速为 3000r/min 时开始换挡，燃油消耗为 26.6L/100km。由此不难看出，该车最经济的发动机转速大约在 1500r/min 附近，发动机转速在 1500r/min 开始换挡与在 3000r/min 开始换挡的油耗相差达 45%。同样的，在发动机的经济转速区域内，发动机大都符合转速越低，油耗越少的规律。

在不同的发动机转速下换挡对油耗的影响 表 4-7

挡位	换挡方法	发动机转速（r/min）	加速时间（s）	试验油耗（mL）	百公里油耗（L/100km）
1→5	顺序加挡	1500	35.4	60	14.6
1→5	顺序加挡	2000	30.6	75	20.3
1→5	顺序加挡	2500	40.0	115	21.2
1→5	顺序加挡	3000	36.1	165	26.6

根据发动机转速选择换挡时机，应使发动机转速尽量保持在燃油消耗率低的区间，汽油机一般在 1800 r/min ~ 2200r/min，柴油机的经济转速则应更低一些，约在 1400 r/min ~ 1800r/min。

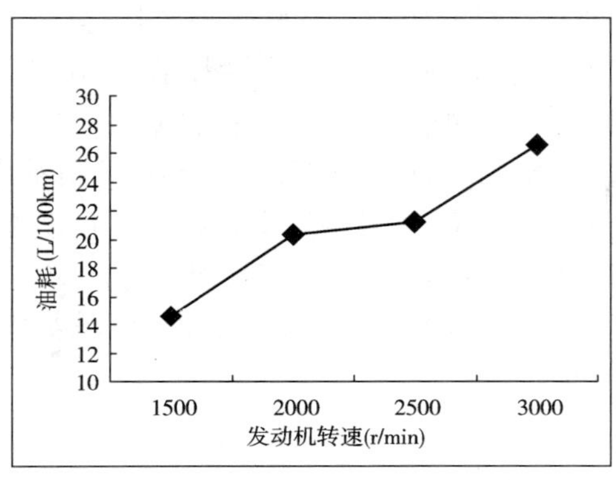

图 4-12　在不同的发动机转速下换挡对油耗的影响

【条文】

4.4.1.2　自动变速器汽车，应根据路况选择挡位：

a）在道路情况良好时应使用“D”挡；

b）在有坡度的路面上行驶时，应使用“3”挡；

c）遇到较长距离的坡路时，应使用“2”挡；

d）在上、下陡坡或者在坑洼、泥泞、湿滑或冰雪路面上行驶时，应使用“1”挡。

【释义】

本部分是关于自动变速器汽车挡位选择的方法。

对于驾驶自动变速器汽车，驾驶员的操作非常简便，驾驶更加平顺，因此装备自动变速器的汽车尤其受到了人们的青睐。不过，有些驾驶员由于对自动变速器的结构和原理不是很了解，经常是行车全程都用“D”挡，其间只会在停车时用“N”或“P”挡，倒车时用“R”挡，即使是在路况较差的路段也是如此，至于其余的挡位则形同虚设，这对汽车的动力性和安全性都是不利的。

自动变速器汽车的前进挡位通常有“D”挡、“3”挡、“2”挡和“1”挡。挡位越低，后备功率越大，但发动机的负荷率越低，燃油消耗率越高，其百公里燃油消耗量也就越大。自动变速器的挡位也应该根据行驶环境来选择，在道路情况良好时应使用“D”挡；在路况不良或者需要汽车维持较大的动力时，驾驶员应相应地选择“1”挡、“2”挡或“3”挡。

【条文】

4.4.2　手动变速器换挡

4.4.2.1　汽车换挡变速踩下离合器踏板时，应及时抬起加速踏板；当抬起离合器踏板，离合器尚未完全接合时，不应急踩、猛踩加速踏板。

【释义】

本部分是关于手动变速器汽车换挡操作方法，包括加速踏板与离合器踏板配合、一脚离合器换挡等。

1. 加速踏板与离合器踏板配合

在换挡时，抬离合器踏板和加速踏板的两脚配合要协调。若离合器还没有开始接合，就猛踏加速踏板，发动机就会高速空转，因此浪费燃油。若离合器早已接合而未踩加速踏板，会造成发动机牵阻，等于使用了制动，也会增加油耗，频繁的起步和换挡，积累起来浪费的油量也将非常可观。在驾驶操作中，要做到脚轻、手快，即脚踩加速踏板要轻而缓慢，换挡要快而及时。整体来看，换挡过程应该十分流畅，车身不宜发生抖动，乘员也不会感到冲击。

2. 一脚离合器换挡

早期的汽车都采用的变速器，部分啮合的齿轮间不带有同步器，因此，换挡时由低挡换高挡或者由高挡换低挡，需运用两脚离合器操作，做到变速器中待啮合的一对齿轮线速度相近，实现同步、换挡无冲击。部分驾驶经验丰富的驾驶员，驾驶不带变速器同步器的汽车，采用一脚离合器换挡也能实现平稳换挡。

运用一脚离合器换挡就能实现无冲击换挡，比两脚离合减少了离合器处于半联动状态的时间，提高了离合器的传动效率，除减少了驾驶员的劳动强度外，还降低了燃油消耗（如表4-8、表4-9所示）。此外汽车减挡提供额外的燃油时，发动机燃烧不完全，不仅浪费燃油，而且增加了有害物质的排放，加剧了环境污染。

东风140汽车平路起步加速一脚、两脚离合器换挡操作对油耗的影响

表4-8

参数 \ 序号		1	2	3	4	5	6	7	8	9	10	均值
两脚离合	油耗（mL）	125	124	126	132	120	124	124	126	127	125	125.3
	时间（s）	36	34	34	36	34	33	35	35	34	33	34.4
一脚离合	油耗（mL）	120	125	126	127	127	123	129	125	126	121	124.9
	时间（s）	35	33	34	34	33	33	33	34	33	32	33.4

东风140汽车坡道（5.5%）一脚、两脚离合器减挡操作对油耗的影响

表4-9

操　　作	两脚离合器减挡（提供额外的燃油）		一脚离合器减挡（稍抬加速踏板）	
	油耗（mL）	时间（s）	油耗（mL）	时间（s）
“5”挡→“4挡”	2.7	0.93	0.75	0.49
“4挡”→“3挡”	2.52	0.84	0.95	0.49

表4-8、表4-9试验数据表明，汽车平路起步连续加挡到

40km/h，运用一脚离合器换挡比两脚离合器换挡一次可节油0.4mL，换挡周期可缩短1s。从汽车在坡道上运用一脚、两脚离合器减挡的数据比较来看，一脚离合器“5”挡换“4”挡一次可省油1.95mL，时间短0.44s；“4”挡换“3”挡一次油耗节省1.57mL，时间周期缩短0.35s。可见，在坡道上采用一脚离合器减挡操作能够省油，而且上坡换挡速度快，时间短，有利于发挥汽车的动力性。

对于柴油汽车，由于柴油发动机的转速随加速踏板踩下而增加的灵敏程度不如汽油车，运用两脚离合器减挡提供额外的燃油转速增加慢，滞后作用明显，所以柴油汽车更适合运用一脚离合器来换挡操作。

现代汽车的变速器各啮合的齿轮间均装有同步器，应运用一脚离合器操作换挡，更无需运用两脚离合器操作换挡。

【条文】

4.4.2.2　升挡时，应自低挡位逐级换入高挡位，做到及时、准确。

【释义】

本部分是关于手动变速器汽车升挡的操作方法。

每一个挡位都对应着一个发动机经济速度范围，在连续、渐进的加速过程中，驾驶员应及时地随着车速的升高而逐级升挡，以保持发动机始终在经济转速范围内运转，从而获得较好的燃油经济性能。

如果加速过程中出现升挡不及时（低挡高速，速度与挡位不匹配的一种情况），即汽车行驶车速高于该挡位对应的经济速度范围，会明显地增大耗油量，还加大了发动机的磨损。

【条文】

4.4.2.3 降挡时,应自高挡位换入预期行驶速度的、且能保持发动机转速在经济区域内以较低转速运转的低挡,做到及时、准确。

【释义】

本部分是关于手动变速器汽车降挡的操作方法。

道路情况和通行条件不同,驾驶员采取的减速强度会不同,因此,汽车减速过程并不是一个连续、渐进的过程。因此,降挡时,驾驶员主要是根据汽车预期的行驶速度来选择相应的挡位,以保持发动机始终在经济转速范围内运转,从而获得较好的燃油经济性能。

如果降挡不及时(高挡低速,速度与挡位不匹配的一种情况),即汽车行驶车速低于该挡位对应的经济速度范围,会出现拖挡现象,发动机易熄火,不仅会增大耗油量,而且还会使发动机产生积炭以及传动机构易疲劳磨损等。

【条文】

4.4.3 自动变速器汽车提前升入挡内高挡

自动变速器汽车在加速时,车速提高后稍松加速踏板,自动变速器提前自动升入挡内高挡。

【释义】

本部分是关于汽车自动变速器挡内提前升挡的操作技巧。

驾驶自动变速器汽车时，通过操作技巧的实施能使汽车自动变速器挡内提前升挡。即踩加速踏板使汽车加速后，稍抬加速踏板，变速器将自动提升一个挡位。

【条文】

4.5　加速

4.5.1　加速踏板的位置

4.5.1.1　汽车在平路行驶过程中，踩下加速踏板的最大限度应不超过加速踏板最大行程的 3/4。

【释义】

本部分是关于踩加速踏板的操作方法。

一般情况下，踩下加速踏板相应地调节节气门的开度，将增加发动机进气量，改变空气和燃油的比例，从而提高发动机的转速。

空气和燃油的比例，即空燃比，是指为使燃油混合气充分燃烧，引入发动机汽缸的空气与燃油的质量之比。根据理论计算，柴油机的理想空燃比为 14.3，汽油机的理想空燃比 14.7。在实际应用中，为了使燃油充分燃烧，柴油机和汽油机都会适当提高空燃比，即采用稀薄燃烧技术，这样就可以进一步改善发动机的经济性。但是，空燃比值也不能太高，否则混合气密度过小，使得混合气燃烧不均匀，甚至汽缸内有的地方不会着火，反而使动力性和经济性受到影响。

图 4-13 所示为由试验获得的汽油机空燃比跟随其负荷和转速变化的规律。由图可知，发动机在部分负荷特性下，总是维持最佳的空燃比，而在外特性下，混合气浓度显著变高，而且随着发动机转速上升，空燃比还会下降，比油耗将明显升高。

此外,根据发动机的负荷特性(见4.4.1条的释义)可知,无论是汽油机还是柴油机,在转速一定的条件下,发动机的比油耗都存在一个最低点。一般的,当负荷率在80% ~90%时,比油耗降到最低。也就是说,发动机在中低转速的较高负荷率下(80% ~90%)工作时,其燃油经济性最好。此外,发动机在部分负荷特性下,总是能够维持最佳的空燃比,而当节气门开度为100%时,混合气显著加浓,而且随着发动机转速上升,空燃比还会下降,比油耗将明显升高。

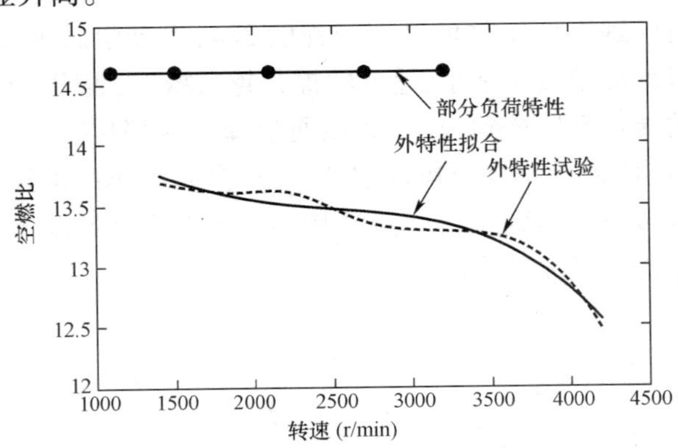

图4-13　汽油机转速、负荷对空燃比的影响

加速踏板的位置直接控制节气门的开度,影响发动机的负荷率。根据上述原理,汽车在平路行驶过程中,踩下加速踏板的最大限度应不超过加速踏板最大行程的3/4,尽可能使发动机的负荷率保持在80% ~90%,从而获取最佳的燃油经济性。

【条文】

4.5.1.2　汽车在平路行驶过程中加速,如果已踩下加速踏板最大行程的3/4而发动机转速不能相应增加,应变换低一级挡位后重新加速行驶。

【释义】

本部分是关于加速时挡位选择的操作方法。

加速踏板的控制与发动机转速、汽车行驶速度有直接的关系，一般来说，在一定范围内，逐渐加大踩加速踏板的力度，发动机转速升高，输出的功率（动力）越大，相应的车速就会越来越快。如果驾驶员已踩下加速踏板最大行程的 3/4，发动机转速不能相应增加或者增加幅度非常小，速度的提升越来越慢，表明在该挡位下发动机的转矩已发挥到极致，必须通过降一级挡位来增强车轮的驱动力（挡位越低，车轮的驱动力越大），提高汽车的加速性能，并使发动机转速回归到经济转速范围，负荷率保持在 80% ~90%，以获取最佳的燃油经济性。

【条文】

4.5.2　踩下加速踏板的速度

踩下加速踏板的速度，以发动机的声音增高较柔和、转速平稳增加为宜。如果发动机出现发“闷”的吼声，应稍抬加速踏板。加速踏板由怠速位置踩至 3/4 行程位置的时间应控制在 3s ~4s。

【释义】

本部分是关于平缓加速的操作方法。

汽车不可能一直处于匀速行驶状态，不可避免的要经常进行加速、减速操作。加速的操作方式有两种，一种方式是轻踩加速踏板，平缓加速；另一种方式是猛踩加速踏板，急加速。驾驶节能的加速踏板操作要领为“缓踩慢抬”，就是强调了加速操作的柔和性。

当汽车加速行驶时，除克服滚动阻力、空气阻力外，还需要克服一项由于改变汽车运动惯性而带来的阻力，即加速阻力。由加速阻力公式 4-1 可知，该阻力与加速度成正比关系，因此为了实现较低的燃油消耗率，驾驶员应尽量柔和地控制加速踏板，做到平缓加速，有效降低汽车的加速度，进而降低汽车的油耗率。

$$F_j = \delta \cdot \frac{G}{g} \cdot j_a \tag{4-1}$$

式中：F_j——汽车受到的加速阻力，N；

G——汽车总重，N；

δ——汽车旋转质量换算系数（$\delta > 1$）；

g——重力加速度（$g = 9.8\text{m/s}^2$）；

j_a——汽车行驶加速度，m/s^2。

此外，驾驶员猛踩加速踏板时，除了产生加速阻力外，还会使发动机转速急剧飙升，导致发动机处于严重的非稳态工况，大大提高了汽车的燃油消耗率。

对 7 座瑞风汽油车进行的急加速和缓加速对汽车油耗影响的试验，试验方法和试验数据如表 4-10 所示，试验结果如图 4-14 所示。试验表明，在同样的加速区间，采用急加速比缓加速多耗燃油 6.35%。此外，急加速还造成机械结合部冲击力增大，加快磨损，对安全行车也不利。

加速方式对油耗的影响　　　表 4-10

挡位	加速方法	速度区间（km/h）	加速距离（m）	试验油耗（mL）	百公里油耗（L/100km）
5	紧急加速	70→100	612	123.2	20.1
5	平缓加速	70→100	604	114.0	18.9

踩下加速踏板的速度,以发动机的声音增高较柔和、转速平稳增加为宜,一般加速踏板由怠速位置踩至 3/4 行程位置的时间应控制在 3s ~4s,如果发动机出现发“闷”的吼声,说明发动机负荷太高,转速增长太快,此时应稍抬加速踏板,重新调整发动机的负荷率。

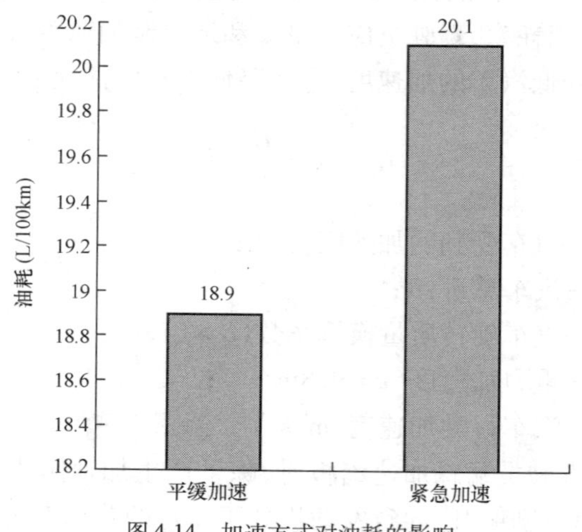

图 4-14　加速方式对油耗的影响

【条文】

4.6　减速

4.6.1　行车中,不得空挡滑行,应利用汽车带挡滑行减速,尽量避免使用行车制动器制动。

【释义】

本部分是关于减速的操作原则,应尽量避免使用行车制动,而利用带挡滑行减速;禁止使用空挡滑行和熄火滑行。

1. 尽量避免使用行车制动器减速

汽车在行驶过程中会因各种情况实施减速，甚至停车。减速的方法有两种，一种是依靠行车制动器制动，另一种是依靠滑行减速。

行车制动器制动时，由制动蹄片与制动鼓（盘）的摩擦或汽车轮胎与路面的摩擦来实现制动减速，减速过程白白消耗了汽车的惯性动能，因此，从节油的角度出发，它的功用主要是用来保证紧急情况下的行驶安全和可靠停车，任何不必要的制动都是对燃油的浪费。除非紧急制动，否则应尽量避免使用制动踏板来减速制动。试验表明，捷达乘用车车速在 40km/h 时紧急制动 1 次，将多消耗燃油 50mL 以上；解放 CA141 在 30km/h 时紧急制动 1 次，将多消耗燃油 75mL 左右。而且，紧急制动还容易造成轮胎的过度磨损。

2. 利用带挡滑行减速，禁止使用空挡滑行和熄火滑行

驾驶员应该正确认识制动踏板的作用，在减速时应尽量少用或不用行车制动，而充分利用汽车带挡滑行，实现有预见的驾驶。但是，禁止采用脱挡滑行减速及熄火滑行减速。

电喷发动机具有强制怠速断油功能，当电喷汽车在带挡且加速踏板完全放开的情况下，发动机转速高于设定的转速时会自动切断燃油供给，当发动机转速低于设定转速时才会重新供油。而汽车脱挡滑行时，发动机处于怠速状态，会继续消耗燃油。因此，带挡滑行比脱挡滑行节省燃油。此外，汽车脱挡滑行时，发动机与传动系分离，发动机对汽车的阻滞力丧失，因此在汽车下长坡时，脱挡滑行将使行驶速度越来越快，需要制动器频繁高强度地制动，将使制动器温度急剧升高，产生热衰退现象，制动效能降低甚至失灵。熄火滑行时发动机处于断电状态，汽车转向、制动等助力装置失效，汽车操纵困难甚至失效，此时非常危险！

表4-11为7座瑞风汽油车的滑行对比试验数据，汽车以空挡从100km/h滑行减速到30km/h时，燃油消耗为2.5 L/100km，挂挡从100km/h滑行减速到30km/h时，燃油消耗为1.3L/100km，挂挡滑行要比脱挡滑行节省燃油约50%。

瑞风汽油车脱挡与不脱挡滑行燃油消耗量　　表4-11

挡位	行驶方法	速度区间(km/h)	滑行距离(km)	滑行时间(s)	油耗(L/100km)
空挡	滑行	100→30	1.4	87.8	2.5
挂挡	滑行	100→30	1.1	67.1	1.3

【条文】

4.6.2　预见到前方有障碍、转弯、会车、红灯等需要减速的情况时，抬起加速踏板，离合器保持接合状态，变速器保持在原挡位，发动机保持在点火状态，依靠发动机对汽车的阻滞力减速滑行，必要时用行车制动器制动增加减速强度。

【释义】

本部分是关于预见性减速的操作方法。

在行车过程中，路口遇到红灯或遇前方道路有障碍时，尽量避免在离前方情况非常短的距离内才抬起加速踏板，采取制动停车的操作方式。行车过程中有停车就必然有起步，有起步就多消耗燃油。因此，如发现前方有障碍、转弯、会车、红灯等需要减速的情况，驾驶员采用以带挡滑行减速代替制动减速，充分利用汽车的惯性节约燃油，这是一种安全、合理的节油方式。例如，汽车通过路口时，如遇到绿灯，应提前100m～200m缓缓加速，争取在绿灯期间顺利通过路口，否则可能需要增加一次停车、起动操作。汽车遇到红灯时，应该提前100m ~200m松开加速踏板，运用汽车惯性低速滑行到路口或者本车道的队尾，争取不让汽车完全停止，就可重新加速通过路口，这样就避免一次停车、起动操作。

带挡滑行减速的优点很多，主要包括：①节约燃油；②保证行车安全；③滑行时，汽车振动小、噪声低，使乘客感到舒适；④发动机传动系统、行车制动器和轮胎等可以减少磨损，延长汽车使用寿命。

汽车在市区道路行驶时，由于交通状况复杂，会频繁地使用汽车带挡滑行。据统计，城市公共汽车每天滑行减速的路程约占总行驶里程的20% ~25%，可见，如能合理地采用带挡滑行减速，其节油效果是极其显著的。

【条文】

4.6.3　汽车下长而陡的坡道时，抬起加速踏板，离合器保持接合状态，发动机不熄火，变速器操纵杆置于合适的挡位（坡度越大，挂挡位越低），并根据速度情况使用行车制动器间歇制动控制车速。

【释义】

本部分是关于下长坡减速的操作方法。

在汽车下长坡时，应充分利用带挡滑行减速，禁止使用脱挡滑行和熄火滑行。汽车脱挡滑行使发动机与传动系分离，发动机对汽车的阻滞力丧失，因此脱挡滑行将使行驶速度越来越快，需要制动器频繁高强度地制动，将使制动器温度急剧升高，产生热衰退现象，制动效能降低甚至失灵。熄火滑行时发动机处于断电状态，汽车转向、制动等助力装置失效，汽车操纵困难甚至失效。

在汽车下长坡时,使用挡位越低,发动机对汽车的阻滞力会越大,滑行减速的效果越好。同时,为了行车安全,驾驶员应根据速度情况使用行车制动器间歇制动控制车速。一般情况下,在该坡路汽车用什么挡位上坡,就选择用该挡位下坡。

【条文】

4.7 车速控制

4.7.1 汽车在正常行驶时,变速器操纵杆应尽量置于最高挡位,保持发动机转速在经济转速区域内以较低转速等速行驶。

【释义】

本部分是关于正常行驶时车速控制的原则,包括保持经济车速行驶、等速行驶。

1. 经济车速与油耗

在汽车行驶时,滚动阻力、空气阻力等行驶阻力同时对汽车行驶造成阻碍作用,而滚动阻力、空气阻力均与行车速度有关。

1)行车速度对滚动阻力的影响

行车速度对滚动阻力系数有所影响。一般情况下,滚动阻力系数与车速的拟合关系式如下:

$$\text{乘用车}: f = f_0 \times \left(1 + \frac{v_a^2}{19440}\right) \tag{4-2}$$

$$\text{货车}: f = 0.0076 + 0.000056 v_a \tag{4-3}$$

式中:f_0 ——滚动阻力系数,良好水泥路或沥青路为 0.014、砂石路为 0.020、卵石路为 0.025;

v_a ——车速,km/h。

随车速增加,滚动阻力系数逐渐增大,如图 4-15 所示。当车速达到某一临界值时，由于轮胎发生驻波现象，滚动阻力系数迅速增加。滚动阻力增加将需要更多的燃料消耗，因此行车速度不能太高。

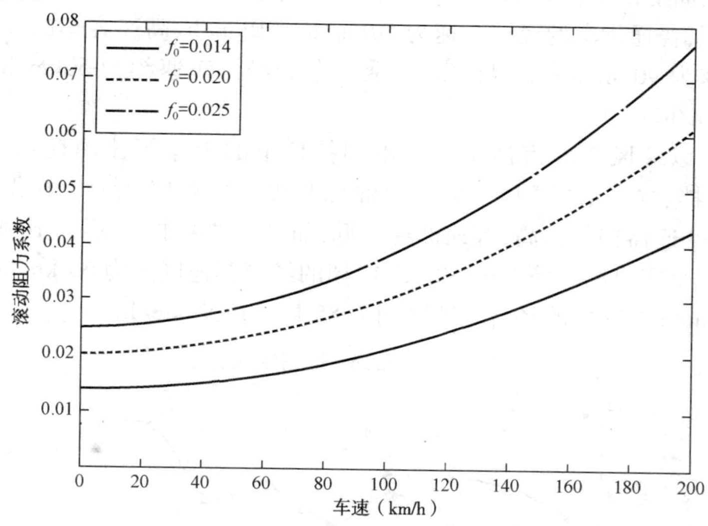

图 4-15　车速与滚动阻力系数的关系

2）行车速度对空气阻力的影响

当汽车行驶速度增加时，空气阻力快速增长（与车速的二次方成正比，见公式 3-2），其变化趋势如图 4-16 所示。空气阻力增加也将需要更多的燃料消耗，行车速度也不宜选择太高。

3）经济车速选择

每一类车型的每一挡位都具有相应的经济车速，挡位越高经济车速的油耗越低。经济车速选择的原则是在满足克服滚动阻力、空气阻力的条件下，发动机运转在最低比油耗区域。

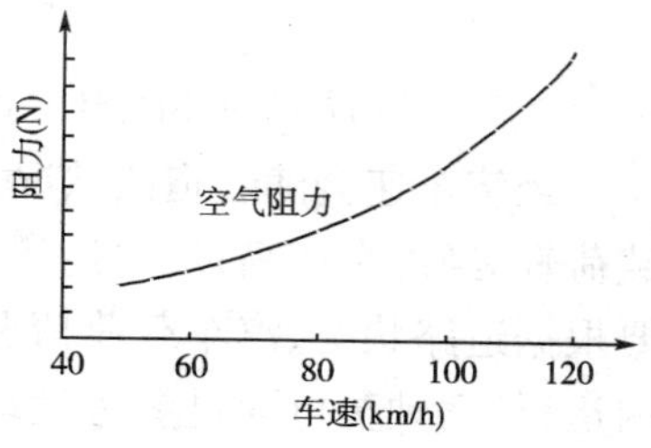

图 4-16　空气阻力与车速间关系

在汽车设计过程中，汽车设计时会综合考虑汽车用途、运行环境等多种因素来确定汽车的经济车速。一般汽车正常装载在平直的沥青路面上以最高挡行驶时，城市公共汽车的经济车速为 50km/h 以下，普通货车的经济车速为 50km/h ~ 70km/h，高速客车的经济车速为 90km/h ~ 100km/h，小乘用车的经济车速约为 60km/h ~ 90km/h。

以瑞风 7 座汽油车进行不同挡位下的汽车等速油耗试验，"3"挡、"4"挡、"5"挡下的等速油耗曲线如图 4-17 所示。由图可知，变速器挡位越高，等速油耗越低；而且，在"4"挡、"5"挡下都存在一个明显的经济车速区间，"4"挡的经济车速区间为 65 km/h ~ 75km/h，"5"挡的经济车速区间为 85 km/h ~ 95km/h。

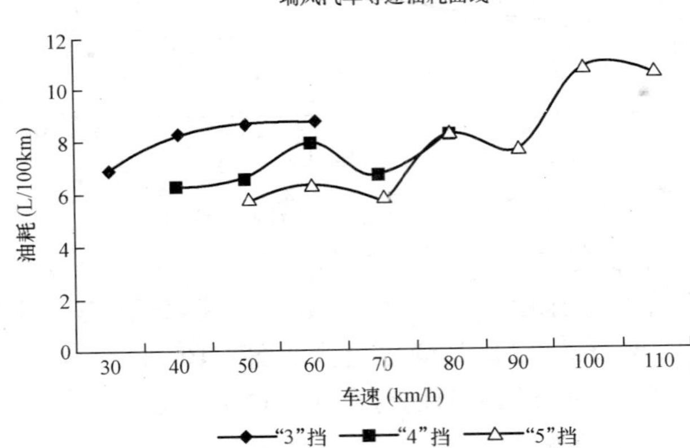

图 4-17　汽车不同挡位下的等速油耗曲线及经济车速区间

经济车速会随着道路状况、汽车载荷的变化而变化。路面好、载荷轻，经济车速高，反之经济车速低。因此驾驶员在驾驶汽车时要根据道路状况、汽车载荷情况控制好车速使其在经济车速范围内运行，驾驶员可通过参考发动机的转速是否处于经济转速来判断。对于汽油机，发动机转速处于 1800r/min ~ 2200r/min 较为经济；对于柴油机，发动机的转速处于 1400r/min ~ 1800r/min 较为经济。

2. 等速行驶

选择经济车速行驶后，驾驶员应控制好预期的速度，即保持好该状态时的加速踏板位置，不要使加速踏板的位置来回变化。车速在预期的速度上下变化，汽车出现加减速，发动机处于不稳定工作状态，汽车油耗会大增。

以瑞风 7 座汽油车进行 90km/h 等速油耗与车速上下波动 3km/h（车速在 87 km/h ~ 93km/h 范围内变化）的油耗对比试验，当加速踏板位置不稳，车速上下波动时，汽车的百公里油耗增加了 2.71L，相当于多消耗了 38% 的燃油。

对瑞风 7 座汽油车进行的道路油耗试验表明（试验结果如图 4-18 所示），以“5”挡、90 km/h 的速度等速行驶的油耗为 7.6 L/100km，而车速在 87km/h ~ 93 km/h 上下波动时，其油耗为 10.3 L/100km，油耗增加了 2.7 L/100km。如果车速的变化范围扩大，其油耗增加会更大。

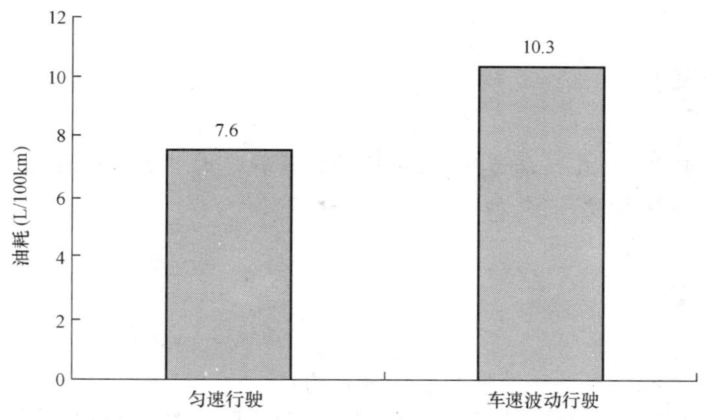

图 4-18　车速波动对燃油消耗的影响

【条文】

4.7.2　当汽车行驶阻力增大,以及交通繁杂,不能用最高挡行驶时,应及时换入低挡并保持发动机转速在经济转速区域内较低转速下等速行驶。

【释义】

本部分是关于路况复杂的道路上行驶时车速控制的原则。

发动机转速始终保持在经济转速区域,是获得较好的燃油经济性的重要条件。为此,无论遇到什么情况,比如汽车行驶阻力增大或遇到复杂的路况等,驾驶员都应根据路况、道路条件和行驶速度等来选择合适的挡位,不能盲目地使用最高挡行驶,导致出现"高挡低速"的高耗油状态,并且在行驶过程中尽可能保持等速行驶。

【条文】

4.7.3　在预期速度下,应保持好该状态时的加速踏板位置使汽车等速行驶,避免加速踏板位置来回变化。

【释义】

本部分是关于等速行驶的操作方法。

选择好行驶车速后,驾驶员保持好该状态时的加速踏板位置,不使加速踏板的位置来回变化,能够有效地避免汽车出现加减速及发动机不稳定工作状态。

在一些高级乘用车上，装配有自适应巡航控制系统（ACC，Adaptive Cruise Control），在较好路面和情况不复杂的路况下行车时，驾驶员应利用巡航控制装置，把车速稳定在预设的经济车速上，可以很好地保持匀速行驶，节省燃油，并降低驾驶员的劳动强度。

【条文】

4.7.4　应保持适当的跟车距离。在普通公路上，跟车距离一般应大于汽车 2s ~ 3s 内驶过的距离；在高速公路上，跟车距离一般应大于汽车 4s 内驶过的距离。

【释义】

本部分是关于保持适当跟车距离的操作方法。

保持适当的跟车距离，不仅能够提高行车的安全，而且能够使驾驶员采取更加有预见性的、平稳的驾驶方法，减少急加速、急减速和紧急制动等高燃油消耗的驾驶操作。

汽车紧急制动时的停车距离包括驾驶员反应距离（从驾驶员发现情况并做出决定，以及将右脚从加速踏板移到制动踏板所需时间内，汽车行驶过的距离）、行车制动器反应距离（消除制动踏板间隙，行车制动器开始产生制动力所需时间内，汽车行驶过的距离）和制动距离（行车制动器发生作用到汽车完全停止所需时间内，汽车行驶过的距离）。不同速度下的反应距离、制动距离与停车距离经验计算值如表 4-12。

反应距离、制动距离和停车距离 表 4-12

行驶速度（km/h）	驾驶员反应距离 + 行车制动器反应距离（m）	制动距离（m）	停车距离（m）
20	6	3	9
30	8	6	14
40	11	11	22
50	14	18	32
60	17	27	44
70	19	39	58
80	22	54	76
90	25	68	93
100	28	84	112

在实际驾驶过程中，有些驾驶员对跟车距离的估计会出现较大的误差，因此，推荐使用一种“时间距离”判断方法，即在普通公路上，跟车距离一般应大于汽车 2s ~ 3s 内驶过的距离（行驶速度为 40km/h 以上时，跟车距离应选择 3s 距离）；在高速公路上，跟车距离一般应大于汽车 4s 内驶过的距离。例如，在普通公路上行驶车速为 20km/h 时，汽车在 2s 内行驶的距离为 11.1m；行驶车速为 50km/h 时，汽车在 3s 内行驶的距离为 41.7m；而在高速公路上行驶车速为 90km/h 时，汽车在 4s 内行驶的距离为 100m。由此可见，“时间距离”值比紧急停车距离值要大，说明“时间距离”判断方法不仅实用，而且是安全、可靠的。

【条文】

4.7.5 汽车行驶的最高速度不应超过道路通行的有关限速规定。

【释义】

本部分是对最高行驶速度的约束。

汽车保持经济车速行驶，相对节油。然而，一些路段的行车速度限值会低于汽车的设计经济车速，此时，如果驾驶员盲目地追求行驶经济性而超速行驶时，容易引发事故，结果造成更大的损失。所以，驾驶员应在遵守限速规定、确保安全的前提下，进行驾驶节油操作。

汽车克服空气阻力所需的功率与汽车行驶速度的三次方成正比。当汽车行驶速度过高，空气阻力迅速增加，燃油消耗量也迅速增加（图 4-19）。

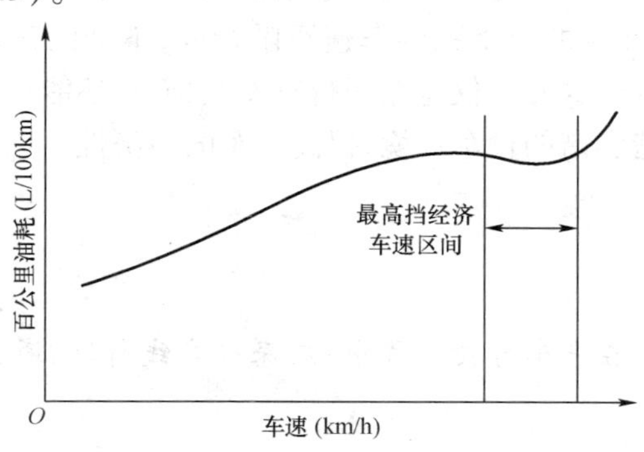

图 4-19　汽车最高挡的等速百公里燃油消耗量曲线

【条文】

4.8　转向控制

4.8.1　操纵汽车转向时应平顺，提前开启灯光信号，避免突然变向或急转弯等。

【释义】

本部分是关于转向的操作方法。

操纵汽车转向时应平稳。汽车突然变向或急转弯,不仅会影响行车安全,而且还会影响油耗。首先是汽车在突然变向或急转弯时,速度会发生变化,使发动机相应地处于不稳定工作状态;其次是转向时轮胎变形加大,汽车受到的滚动阻力增加,这些因素均使汽车油耗增加。此外,由于急转向造成轮胎与地面的强烈摩擦会使轮胎的磨损加剧,车上的乘客也可能会感觉到明显的不适。

转向时提前开启灯光信号,有利于加强与其他交通参与者的交流,及时将自己的行驶意图传递给他人,使其他交通参与者保持足够的安全距离并以平稳的车速跟随行驶,不会因盲目加速超越引发交通冲突,这样不仅能保证行车安全,而且还能让大家保持平稳驾驶,营造和谐的行车环境,提高行车的经济性。

【条文】

4.8.2 在汽车行驶过程中,应保持直线行驶,避免来回转动转向盘。

【释义】

本部分是关于保持直线行驶的操作方法。

汽车保持直线行驶时,行驶距离短,且相对曲线行驶时所受到的滚动阻力要小,因此,行驶经济性好。

转向盘操作不稳,使汽车在平直的车道上走曲线,增加了行驶阻力与行驶距离,浪费了燃油和行驶时间。汽车曲线行驶时,如汽车转弯，地面对轮胎将产生侧向反作用力，滚动阻力大幅增加。图4-20为某总重34.5t的半挂车绕半径33m的圆周行驶时的滚动阻力试验情况，这种由于转弯行驶增加的滚动阻力已接近直线行驶时的50%～100%。

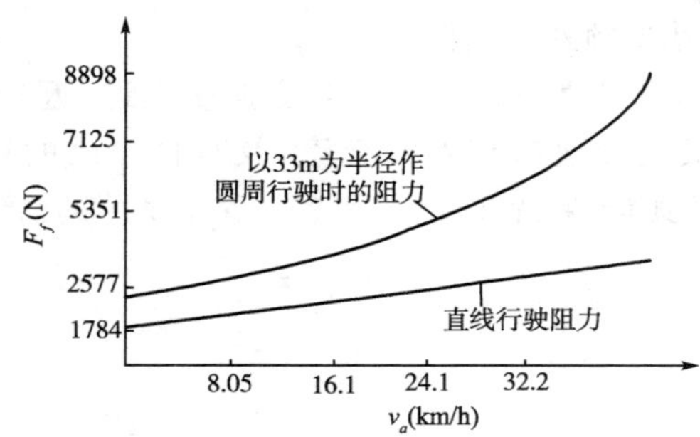

图4-20　转弯时滚动阻力与车速的关系

【条文】

4.8.3　变更车道时，应在确认与前后左右的汽车处在安全距离的情况下，提前开启转向灯，夜间还应变换使用远、近光灯，然后平稳地转动转向盘，并以较大的行车轨迹缓加速驶向另一车道。当因超车变换车道时，在超车后应及时返回原车道。

【释义】

本部分是关于变更车道的操作方法。

变更车道是一种常见的驾驶操作行为，操作不当容易引发刮擦、碰撞事故，而且，变更车道会增加行驶距离和行驶阻力，会导致发动机工作状态不稳定，从而增加油耗，因此，尽量减少频繁变更车道驾驶、来回加塞。

变更车道时,应注意以下几个方面:

(1)应在确认与前后左右的汽车处在安全距离的情况下,且平稳地转动转向盘以较大的行车轨迹缓加速驶向另一车道,这样能够使变更车道操作相对安全,且整个过程相对平稳,增加行驶阻力相对较小,减少额外的油耗;

(2)提前开启转向灯,夜间还应变换使用远、近光灯,这样有利于加强与其他交通参与者的交流,及时将自己的行驶意图传递给他人,使其能保持平稳驾驶,减少他人驾驶产生额外的油耗。

【条文】

4.8.4　在汽车行驶过程中,应避免频繁变更车道。

【释义】

本部分是关于避免频繁变更车道的方法。

驾车时频繁变道超车,穿梭于各车道之间,首先,汽车在频繁加速、减速,发动机处于不稳定工作状态;其次,经常急加速会使汽车克服加速阻力所消耗的功率很大;再次,经常制动会使汽车已有的动能通过行车制动器而不是行驶里程大量消耗;最后,频繁变道使汽车曲线行驶,不但汽车的滚动阻力将大大增加,而且行驶距离变长,这些因素均使汽车油耗增加。此外,由于急加速造成轮胎与地面的强烈摩擦会使轮胎的磨损增加,追尾风险增加,车上的乘客也可能会感觉到明显的不适。

图 4-21 为瑞风 7 座汽油车频繁变道曲线行驶的道路试验结果,汽车以“4”挡、80 km/h 的速度等速直线行驶,油耗为 8.1 L/100km;而以 80km/h 的速度频繁变道行驶的油耗为 14.8 L/

100km,油耗增加82.7%;以“5”挡在90km/h的速度下频繁变道行驶比直线行驶增加81.6%的油耗。可见,频繁变换车道,将导致汽车油耗率急剧上升。

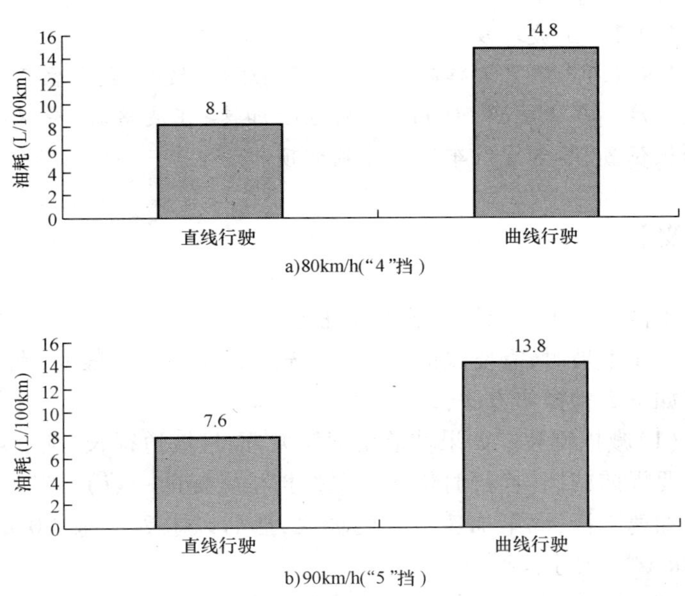

图4-21 频繁更换车道对油耗的影响

在交通流量较大的道路上,频繁变道超车带来的时间效果并不明显。我们以上下班的路程为10km计算,大中城市一般上下班时平均车速为25km/h,如果通过频繁变道超车使平均车速达到30km/h(已非常困难),那也仅仅减少了4min。欧洲有试验表明:野蛮驾驶(即在信号灯前猛停猛闯,以及快速猛烈的刹车行为等),最多只能节省4%的出行时间(相当于在一次60min的出行中仅节省2.5min),而这种行为所造成的油耗却上升了37%,一些有毒气体的排放量甚至增长超过了5倍。

【条文】

4.9 特殊路段驾驶

4.9.1 上坡路段

4.9.1.1 遇见坡路时,应提前预测坡度、坡长,判断需用的挡位及速度。在上坡前 500m 处,应轻微加速;在坡路时,应保持加速踏板位置,尽量靠汽车惯性冲到坡顶。

【释义】

本部分是关于上坡行驶的操作方法。

汽车上坡时,需要保证汽车具有充足的动力。一般的,汽车爬坡有如下 3 种操作方法:

(1)减挡爬坡。如果坡道角度较大,而且坡道很长,则上坡前一定要提前减挡(换挡时机比一般换挡稍微提前一点),同时迅速踩下加速踏板,汽车加速行驶到坡底,然后以中等车速(30 km/h ~40km/h)匀速爬到坡顶。

(2)高速冲坡。如果坡道的坡度不大,而且坡道较短,也可以不减挡而加大踩加速踏板的力度直接冲到坡顶,叫做"冲坡",例如城市中的立交桥引桥,设计爬坡度一般不大于 5%,因此乘用车可以不减挡,直接以最高挡爬坡,顺利通过立交桥。

(3)先冲坡,后减挡。如果坡道的坡度不大而坡道很长,则可以先采取冲坡的方法,然后在感觉车速下降时及时换入相邻的低挡。运用该方法爬坡需要注意,不能等到车速降得太低、行驶惯性要消失了再换挡,如此相当于在坡道上重新起步,将更加费油。

可以根据坡道的路况来灵活选用爬坡方法。但无论采用哪种爬坡方法,还是应该尽量多地使用高挡,而且应该在上坡前就开始加速,感觉动力不充沛时迅速换入低挡,这样才能不多浪费燃油。因此,爬坡的挡位控制策略可以总结为:“高挡不硬撑”,必要时提早换入低速挡;“低挡不硬冲”,防止造成发动机转速超过经济转速或者过热。

【条文】

4.9.1.2　汽车依靠惯性不能冲到坡顶时,应迅速降挡,避免坡路停车重新起步。

【释义】

本部分是关于上坡时挡位操控的方法。

汽车在坡道上降挡操作相对于在平路上的换挡操作要困难一些。降挡过早一般是指汽车在坡道上速度下降很少,甚至没有下降,还不到换挡时机就换入低一级挡位行驶,以致不能充分利用汽车惯性来克服行驶阻力,反而抑制运动惯性,增加阻力,导致油耗增加。东风 EQ1090E 汽油车试验表明,“5”挡降“4”挡、“4”挡降“3”挡时,过早地以车速 32.2km/h、24.4km/h 降挡,与最佳换挡时机(东风 EQ1090E 汽油车满载在山区公路上行驶的最佳降挡车速见表 4-13)的车速 28.3km/h、18.5km/h 相比,百公里油耗分别增加了 15.9% 和 24.88%。

东风 EQ1090E 汽油车的爬坡最佳降挡车速　　表 4-13

挡位变化	降挡车速范围(km/h)
5→4	27～30
4→3	17～20
3→2	9～11

降挡过迟一般是指汽车在坡道上速度下降到了该降挡的时刻而没有立即降挡，错过了换挡时机。东风 EQ1090E 汽油车试验表明，"5"挡降"4"挡、"4"挡降"3"挡时，过晚地以车速 24.1km/h、15.4km/h 降挡，与最佳换挡时机相比，百公里油耗分别增加了 20.22% 和 14.6%。如果比上述换挡时机还晚，汽车惯性能量损失太多，需要再多降一次挡位，还将多增加油耗。

由此可知，驾驶汽车上坡降挡的关键是要充分利用汽车惯性，又不可使惯性能量过多损失，才能做到经济性最好。

【条文】

4.9.2 隧道

4.9.2.1 在距隧道入口 50m 左右处，应提前减速，开启前照灯、示廓灯、后位灯，仔细观察前方情况。

【释义】

本部分是关于准备驶入隧道的方法。

准备驶入隧道时，应在距隧道入口 50m 左右处，提前减速，开启前照灯、示廓灯、后位灯，及时将自己的行驶意图传递给其他交通参与者，使其他交通参与者保持足够的安全距离并以平稳的车速跟随行驶，这样不仅能保证行车安全，而且还能让大家保持平稳驾驶，营造和谐的行车环境，提高他人行车的经济性。

【条文】

4.9.2.2 在隧道内行驶时，应保持合适的跟车距离和行驶速度。

【释义】

本部分是关于在隧道内行驶的方法。

在隧道内行驶时，隧道内的空间较小，光线较暗，应保持比正常道路行驶更长的跟车距离和更低的行驶速度，采取平稳的驾驶方法，提高行车安全和行车的经济性。

【条文】

4.9.2.3　在隧道出口前，应握稳转向盘，避免隧道出口处的横向风引起汽车偏离行驶路线。

【释义】

本部分是关于准备驶离隧道的方法。

一般隧道内没有侧向气流，驾驶员在长隧道内驾驶时，容易放松转向盘。一旦汽车驶出隧道，即使出口有较小的横向风，也会引起汽车偏离行驶路线。所以驶离隧道时，驾驶员应握稳转向盘，不仅确保行车安全，而且还可以防止行驶阻力增大，油耗增加。

【条文】

4.9.2.4　驶入和驶出隧道时，在明、暗适应过程中应不加速行驶。

【释义】

本部分是关于出现明暗适应时的操作方法。

明、暗适应是指人由黑暗环境骤然进入明亮环境或者由明亮环境骤然进入黑暗环境时，眼睛因需要适应巨大的环境光线变化而出现视力暂时下降、甚至失明的状态，会影响驾驶安全。驾驶员在通过隧道、桥涵和林荫道等光线明暗交替的路段时，应预见到光线变化带来的视觉障碍。

驶入和驶出隧道时，驾驶员在光线适应过程中切勿盲目加速，以免遇突发情况需要采取紧急制动措施，不仅影响行车安全，而且会增加不必要的燃油消耗。

【条文】

4.9.3　拥挤路段

4.9.3.1　在拥挤路段，汽车处于频繁的起步—停车的循环行驶状态，起步时应缓踩或不踩加速踏板，起步后尽可能利用汽车惯性滑行行驶，避免起步后猛踩加速踏板再制动停车的驾驶方式。

【释义】

本部分是关于拥挤路段行驶的操作方法。

汽车在拥挤路段处于频繁的“起步—停车”循环行驶状态，会使油耗和碳排放量增加三倍，因此，驾驶员在行驶中应提高对道路的预见性，尽量利用汽车惯性滑行行驶，减少停车次数和制动次数，尤其避免因先急加速再立即制动而造成不必要的燃油消耗。

【条文】

4.9.3.2　在汽车安全行驶的前提下，应减少完全停车，尽量使汽车保持一定的运动惯性。

【释义】

本部分是关于拥挤路段行驶的操作方法。

汽车起步加速时的燃油消耗，相当于汽车全力爬坡时的油耗值，因此，让完全静止的汽车移动比让汽车保持 5km/h 的速度平稳行驶需要多消耗 20% 的燃油。即使在交通高峰时段，驾驶员也应尽可能减少完全停车，做到“缓速行驶”、依靠汽车惯性滑行，这样会更经济。

【条文】

4.10　行车温度控制

4.10.1　发动机温度低于 40℃ 时，不应使发动机大负荷高速运转或使汽车高速行驶，温度达到 40℃ 以上时开始正常行驶。

【释义】

本部分是关于发动机温度较低时的操作方法。

汽缸进气温度对发动机的经济性有所影响，详见 4.2.1.3 条的释义。

发动机大负荷高速运转或汽车高速行驶时，供油量会相应地增加，混合气变浓。发动机温度低于 40℃ 时，汽缸进气温度相对较低，混合气温度也相对较低，燃油雾化效果差，加浓的混合气也无法充分燃烧，发动机的动力性和经济性都不会有所好转，无谓地增加了油耗。此外，混合气燃烧不充分会产生积炭，时间久了容易堵塞喷油嘴，增加汽缸磨损。

【条文】

4.10.2　应使发动机的温度保持在 80℃～95℃。长时间上坡或高速行驶等行驶状态下发动机冷却液温度报警时，应停车怠速或小负荷、低速行驶，使发动机温度慢慢降到正常区域。

【释义】

本部分是关于保持正常的发动机温度的操作方法。

行车温度包括冷却液温度、润滑油温度、齿轮油温度，其中发动机冷却液温度对汽车油耗影响最大。正常的发动机冷却液温度，可以保证发动机具有良好的动力性和经济性。

发动机温度过高，则汽缸进气温度会相应地升高，造成进气密度下降，汽缸充气系数减小，充气效率降低，缸内混合气浓度过大，偏离了最佳空燃比，使得混合气燃烧不充分；机油黏度降低，磨损加剧，油耗增加。试验表明，把发动机的冷却液温度控制在最佳的温度区间 80℃～95℃，发动机的油耗最低，转矩和功率最大。

图 4-22a）为设定不同冷却液温度的某型柴油机在 1900r/min 下进行的负荷特性试验曲线，冷却液温度分别设定为 40℃、60℃、80℃（试验条件设定见表 4-14），图 4-22b）为柴油机在 2400r/min 下进行的负荷特性试验，冷却液温度分别设定在 60℃和 80℃（试验条件设定见表 4-15）。

柴油机冷却液温度对比油耗变化的影响

试验的条件(1900r/min)　　表 4-14

冷却液温度(℃)	大气压力(kPa)	干温(℃)	湿温(℃)
60	101.3	15.5	9.5
80	101.3	15.5	9.5
40	100.7	17	13

柴油机冷却液温度对比油耗变化的影响

试验的条件(2400r/min)　　表 4-15

冷却液温度(℃)	大气压力(kPa)	干温(℃)	湿温(℃)
60	101.3	15	9
80	100.9	16	11.5

分析图 4-22 可知,随着发动机冷却液温度的降低,比油耗将显著上升,尤其在低转矩(小负荷)下比油耗上升更为严重。例如,当发动机工作于 30N·m、1900r/min 时,40℃下的比油耗将比 80℃下的比油耗上升 18.31%;当发动机工作于 50N·m、1900r/min 时,40℃下的比油耗将比 80℃下的比油耗上升 16.75%。

长时间上坡或高速行驶等行驶状态下,发动机连续高负荷运行会使冷却液温度超高而引起报警,此时应停车怠速或小负荷、低速行驶,减小发动机的负荷,使发动机温度慢慢降到正常区域,否则不仅会增加燃油的消耗,而且还会加剧发动机的异常磨损。

【条文】

4.11　空调使用(小型载客汽车)

4.11.1　当车速低于 70km/h 时,可打开车窗通风,或用空调的通风功能。

4.11.2　当车速超过 70km/h 时,应关闭车窗并使用空调装

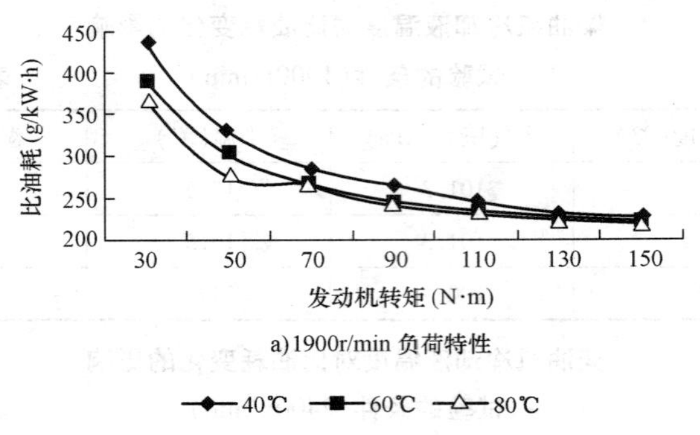

a) 1900r/min 负荷特性

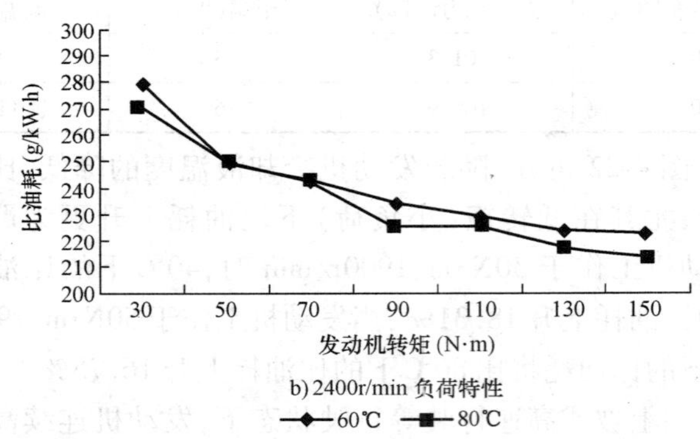

b) 2400r/min 负荷特性

图 4-22　冷却液温度对发动机比油耗的影响

置，空调的温度不应设定过低。

【释义】

本部分是关于小型汽车的通风操作方法。

空调作为发动机的主要附件之一，会消耗发动机 1.5% ~2% 的驱动功率，增加汽车油耗。而打开车窗会使汽车的空气阻力系数（ C_D ）变大，增加空气阻力，也会增加汽车油耗。因此，驾驶员应根据气温状况、行驶车速等因素，统筹考虑是利用开窗通风还是使用空调来调节车内温度,达到减少燃油消耗的目的。

表4-16、表4-17、表4-18分别是瑞风7座汽油车、桑塔纳3000乘用车、起亚远舰(YQZ7180)乘用车在不同速度开窗和不开窗时的道路等速油耗试验数据。

瑞风7座汽油车不同速度下开窗对汽车燃油消耗的影响　　表4-16

项目 速度(km/h)	开窗时燃油消耗(L/100km)	闭窗时燃油消耗(L/100km)	开窗相对闭窗的燃油消耗变化率(%)
60	6.4	6.4	0
90	8.0	7.6	5.3

桑塔纳3000不同速度下开窗对汽车燃油消耗的影响　　表4-17

项目 速度(km/h)	开窗时燃油消耗(L/100km)	闭窗时燃油消耗(L/100km)	开窗相对闭窗的燃油消耗变化率(%)
60	5.79	5.72	1.2
100	8.11	7.78	4.2

起亚远舰(YQZ7180)不同速度下开窗对汽车燃油消耗的影响　　表4-18

项目 速度(km/h)	开窗时燃油消耗(L/100km)	闭窗时燃油消耗(L/100km)	开窗相对闭窗的燃油消耗变化率(%)
60	5.55	5.53	0.4
100	8.08	7.9	2.3

数据表明,当汽车以60 km/h速度行驶时,开窗和不开窗的燃

油消耗几乎没有差异，而当以高速行驶时，开窗油耗比不开窗油耗要增加很多。因此，气温适宜，车速低于 70km/h 时，不必开空调制冷功能，可以打开车窗通风，或者只用空调的通风功能。当车速超过 70km/h 时，应关闭车窗而开启空调调节车内气温，当然，空调的温度不应设定过低，否则将增加油耗。

【条文】

4.12　发动机熄火

4.12.1　当汽车停止行驶后，应尽量减少发动机怠速空转，及时使发动机熄火。

【释义】

本部分是关于减少发动机怠速的原则。

发动机怠速运转时，因转速低而使混合气雾化不良，且浓度较大，故怠速的燃油消耗量也大。排量为 3.0L 左右的乘用车，发动机每小时的怠速油耗大约为 1.0L ~ 1.8L，因此乘用车怠速 1min 以上的油耗将比重新起动一次发动机的油耗更大。故而，当汽车停车后（尤其是长时间停车），要尽量减少发动机怠速空转时间，及时使发动机熄火。

【条文】

4.12.2　非增压发动机汽车在路口停车等待通过的过程中，应根据交通信号灯计时器判断停车时间，停车时间超过 60s 的，应将发动机熄火。如果信号灯没有计时显示，排队偏后的汽车（三辆车以后），应将发动机熄火。

4.12.3　非增压发动机汽车在上下乘客、装卸货物等需要停车超过60s时，应将发动机熄火。

【释义】

本部分是关于正常情况下非增压发动机汽车熄火的操作方法。

汽车怠速1min以上的油耗将比热车状态下重新起动一次发动机的油耗更大；起动对现代发动机造成的磨损与发动机正常运转时造成的磨损相差无几，而发动机长时间怠速将会导致三效催化转换器提前损坏，反而加大了发动机的故障风险。因此，当遇到等待交通信号放行、排队偏后等需停车超过60s的情况时，驾驶员都应及时使发动机熄火。

【条文】

4.12.4　非增压发动机汽车经过高速或爬长坡行驶后，发动机温度很高时，应怠速运转30s以上后熄火。

【释义】

本部分是关于发动机温度较高时非增压发动机汽车熄火的操作方法。

非增压发动机汽车一般停车在1min以上，就应将发动机熄火，如果汽车经过高速或爬长坡行驶后，发动机温度很高时，则应先怠速运转30s以上，待发动机充分冷却后再熄火，否则发动机汽缸、轴瓦等都处于热膨胀状态，容易冷却后变形、卡死，加剧发动机的异常磨损。

【条文】

4.12.5　增压发动机汽车停车后不应立即熄火，应保持发动机怠速运转3min以上，待发动机充分冷却后再熄火。

【释义】

本部分是关于增压发动机汽车熄火的操作方法。

发动机熄火前的怠速冷却操作，增压发动机与非增压发动机的操作有所不同。带有涡轮增压器的发动机不要立即熄火，要让发动机继续运转3min以上，待发动机充分冷却后再熄火。

发动机工作时，有一部分润滑油供给涡轮增压器轴承用于润滑冷却，正在运行的发动机突然停机后，涡轮扇还在高速转动中，而润滑油压力迅速下降为零，润滑油会供应不足或中断，涡轮增压器内部的热量也无法被润滑油带走，会引起涡轮增压器内滞留的润滑油过热，使涡轮增压器轴承处于热膨胀状态，容易冷却后变形、卡死，影响涡轮增压器的使用寿命；此外，增压器油道里的机油焦化，形成积炭，会堵塞油道。

【条文】

4.13　行车中检查

4.13.1　在行驶过程中应经常注意查看车上各种仪表，查听发动机及底盘声音，如发觉操纵困难、车身跳动或颤抖、机件有异响或有异常气味、冷却液温度异常时，应立即停车检查，并进行必要的调整和修理。

【释义】

本部分是关于行驶中的检查方法。

行车中，发现汽车技术状况异常时要及时检查并排除故障，防止汽车机件进一步损坏，消除事故隐患，防止油耗急剧增加。驾驶员除借助听觉、嗅觉、触觉和视觉对汽车进行检查外，有时还需要进行必要的中途停车检查。

【条文】

4.13.2　行驶中发动机动力突然下降，应立即停车检查冷却液或润滑油量（冷却液温度高时不能打开水箱盖）。

【释义】

本部分是关于行驶中发动机动力突然下降的检查方法。

行驶中发动机动力突然下降，往往是冷却液不足导致发动机工作温度异常升高，或者是润滑油量不足，润滑油压力减小，运动件摩擦表面得不到充分的润滑，内部摩擦阻力增大，这些情况不仅影响行车安全，而且还会增加行驶阻力，增大油耗。因此，必须立即停车检查，消除故障。

值得注意的是，在冷却液温度很高时，驾驶员不能立即打开水箱盖，防止被沸腾的冷却液烫伤，而应等待冷却液温度降低后再用擦布包裹着打开。

【条文】

4.13.3　行驶中转向盘的操纵变得沉重并偏向一侧，应立即停车检查轮胎气压。

【释义】

本部分是关于行驶中汽车出现跑偏的检查方法。

行驶中转向盘的操纵变得沉重并偏向一侧,往往是该侧的轮胎漏气所致,必须立即停车检查,消除故障。

【条文】

4.13.4　检查冷却液和润滑油量,应无漏水、漏油,气压制动应无漏气现象。

【释义】

本部分是关于汽车有关液体的检查方法。

见 3.3 条的释义相应部分。

【条文】

4.13.5　检查车轮制动器,应无拖滞、发热现象,驻车制动器作用可靠。

【释义】

本部分是关于汽车制动系统的检查方法。

汽车在行车过程中临时停车时,驾驶员应注意检查制动系统的状况。

车轮制动器间隙过小，出现拖滞现象，则车轮旋转阻力增加，会增加功率的无效消耗，增加油耗。

驻车制动器操纵机构工作不正常，可能会导致车轮旋转阻力增加，相应地增加功率的无效消耗；也可能会导致制动效能下降，容易造成坡道溜车，坡道起步时也会增加起步油耗。

【条文】

4.13.6　检查转向、制动装置和传动轴、轮胎、悬架等各连接部位，应牢固可靠。

【释义】

本部分是关于汽车重点部位的检查方法。

汽车在行车过程中临时停车时，驾驶员应注意检查转向、制动装置和传动轴、轮胎、悬架等，各连接部位出现异常情况时，会因部件摩擦增大，导致油耗上升。

【条文】

4.13.7　检查装载货物，应捆绑、固定牢固，覆盖严实。

【释义】

本部分是关于货车装载情况的检查方法。

汽车起步行驶一段距离（建议行驶 50km）后，应停车检查货物的装载和安全情况，并根据检查情况做一些必要的调整；之后，每行驶 3h 或者 150km 后，应停车检查货物的装载情况。

行驶过程中，驾驶员应随时通过后视镜观察货物的情况，当发现覆盖物随风飘扬时，应及时停车覆盖严实，减少行驶中的空气阻力。

对于装载的货物，驾驶员主要检查货物是否偏载及行驶中是否来回晃动。

【条文】

4.14　停车

4.14.1　准确判断停车位置，应做到一次停车到位，减少停车时的移车次数。

【释义】

本部分是关于停车操作的方法。

停车时，汽车往往是怠速或低速状态，油耗相对较高。因此，停车时要准确判断停放的位置，做到一次停车到位，减少停车时的移车次数，避免反复移车时增加油耗。

【条文】

4.14.2　避免在上坡、积水、结冰或松软的路段上停车。

【释义】

本部分是关于停车路段选择的方法。

停车地点要选择路面坚硬、平整或坡度小、顺风及视线良好的地方，不要停在松软、湿滑、结冰路面或上坡道上，目的是再起步时顺利、安全又省油。如果附近无理想停车地段，必须在软、滑路面上停车，应在车轮下垫上硬物，以防车轮下陷，再起步时打滑空转，既费油还会引出更大的麻烦。

【条文】

4.14.3　冬季中途停车时，应尽量避免汽车发动机迎风停放。

【释义】

本部分是关于避免迎风停车的方法。

冬季中途停车时避免汽车发动机迎风停放，防止发动机温度过快下降，再次起动时增加油耗。

第五部分　关于“5 收车后检查”的释义

收车后应及时检查车辆,并对行车途中觉察的异常及时修复。收车后检查是一日三检的重要环节,共有 7 条内容。

【条文】

5　收车后检查

5.1　检查汽车,应无漏油、漏水、漏气现象,视需要补充燃油、润滑油和冷却液。

5.2　检查轮胎,气压应符合要求,胎间及表面无杂物。

5.3　检查风扇等的传动带,应完好且松紧度合适。

【释义】

本部分是关于收车后车辆技术状况检查的方法。

见 3.3 条的释义相应部分。

【条文】

5.4　检查轮胎螺母和半轴螺母,应无松动。

【释义】

本部分是关于轮胎等装配状况检查的方法。

轮胎螺母和半轴螺母松动将导致行驶时车轮摇摆、车轮滚动阻力增大，这些都会使耗油量增加。

【条文】

5.5　打扫车厢和驾驶室，清洗底盘和清洁整车外表，同时查看各部位应无破损。

【释义】

本部分是关于汽车清洁的方法。

收车后及时打扫车厢和驾驶室，清洗底盘和清洁整车外表，清除车内不必要的物品和底盘上附着的泥土，减轻汽车的质量。

【条文】

5.6　每行驶1000km时，应清除空气滤清器的灰尘。

【释义】

本部分是关于清洁空气滤清器的方法。

空气在进入汽缸之前，必须先经过空气滤清器的细密的过滤，才能进入汽缸，否则，极小的杂质都会损伤发动机。因此，空气滤清器极容易被空气中的灰尘堵塞。

空气动力学研究表明，扩大进气道的直径，减小进气道的长度，降低进气道的弯曲、复杂程度，可以有效地减少进气阻力，有助于提高汽缸的充气系数和进气量，保证混合气充分燃烧，进而改善发动机的动力性和经济性。与此相关，保持空气滤清器的清洁和畅通，也可以有效地防止由于进气不畅引起的燃油消耗率上升。如果汽车行驶中使用过脏的空气滤清器，空气滤芯堵塞，会使发动机进气不畅、不足，使燃油燃烧不完全，从而导致发动机工作不稳定，动力下降，耗油量增加。某客车制造企业开展的进气系统优化对汽车燃油经济性影响的试验，如图 5-1 所示。试验结果表明，对发动机进气道形状进行优化设计能够充分减小进气阻力，提高空气滤清器的进气效率，可以使车速为 100km/h 时的百公里油耗下降 2.25L，使车速为 120km/h 时的百公里油耗下降 2.7L，从而将平均油耗降低 2% ~3%。

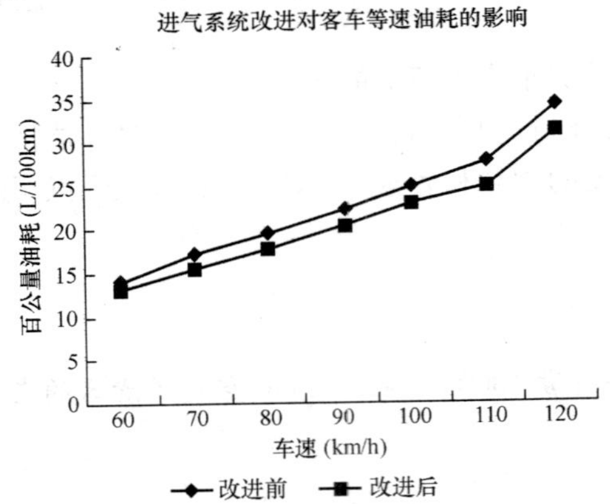

图 5-1　优化进气系统对百公里油耗的影响

在一般道路情况下，汽车每行驶 1000km，驾驶员应对空气滤清器进行清洁。在沙尘程度较大的地区，清洁空气滤清器的时间间隔应相应缩短。

附录 A　十大汽车驾驶节能原理

汽车燃油经济性主要是以汽车行驶一定里程的燃油消耗量来衡量。在平坦的道路上，汽车的百公里燃油消耗量可用式(A-1)表示。

$$\begin{aligned} Q_{\mathrm{L}} &= \frac{g_{\mathrm{e}}}{v_{a} \cdot \eta_{\mathrm{T}}}(P_{\mathrm{f}} + P_{\mathrm{w}} + P_{\mathrm{j}}) \times 0.1 \\ &= \frac{g_{\mathrm{e}}}{v_{\mathrm{a}} \cdot \eta_{\mathrm{T}}}\left(\frac{G \cdot f \cdot v_{\mathrm{a}}}{3600} + \frac{C_{\mathrm{D}} \cdot A \cdot v_{\mathrm{a}}^{3}}{76140} + \frac{\delta \cdot \frac{G}{g} \cdot j_{\mathrm{a}}}{3600}\right) \times 0.1 \end{aligned} \tag{A-1}$$

式中：Q_{L}——汽车百公里油耗，kg/100km；

P_{f}——汽车克服滚动阻力所消耗的功率，kW；

P_{w}——汽车克服空气阻力所消耗的功率，kW；

P_{j}——汽车克服加速阻力所消耗的功率，kW；

g_{e}——发动机比油耗，g/(kW·h)；

v_{a}——汽车行驶速度，km/h；

η_{T}——汽车传动系机械效率；

G——汽车总重力，N；

f——滚动阻力系数；

C_{D}——空气阻力系数；

A——汽车行驶方向的投影面积，m^2；

δ——汽车旋转质量换算系数，$\delta > 1$；

g——重力加速度，$g = 9.8\mathrm{m/s}^2$；

j_{a}——汽车行驶加速度，$\mathrm{m/s}^2$。

从式(A-1)中可以看出,影响汽车油耗的因素较多,主要与发动机比油耗、汽车行驶速度、汽车总质量、滚动阻力系数、加速度大小、空气阻力系数及迎风面积(车身形状)、传动系机械效率等有关。上述影响因素都可以通过驾驶员在车辆选型、维护、驾驶操作等过程中加以控制,以有效降低汽车燃油消耗。

1. 发动机较低的比油耗及保持发动机在低比油耗区域工作(低比油耗原理)

式(A-1)中的发动机比油耗 g_e 是指发动机每发出 1kW 的有效功率,在 1h 内所消耗的燃油的质量,是发动机的主要经济性指标,可用式(A-2)表示。

$$g_e = \frac{K}{\eta_i \cdot \eta_m} = \frac{K}{\eta_e} \tag{A-2}$$

式中:η_i ——发动机的指示热效率,%;

η_m ——发动机的机械效率,%;

η_e ——发动机的有效热效率,%;

K ——换算系数。

发动机比油耗与发动机的有效热效率有关,即与发动机的指示热效率、发动机的机械效率有关。指示热效率越高,比油耗就越低。发动机的指示热效率主要取决于发动机的压缩比、过量空气系数、发动机转速和负荷率。发动机的机械效率表征了发动机指示功率在内部传动机构传递过程中有不可避免的损耗,主要包括发动机内部运动件的摩擦损失,驱动附属装置(配气机构、水泵、油泵等)的消耗和泵气损失等。

不同发动机的有效热效率有较大差别,导致比油耗亦有较大的差别。柴油发动机与汽油发动机燃烧方式不同,其比油耗也不同。一般,柴油发动机的有效热效率要比汽油发动机的高得多(表 A-1)。

发动机在额定工况下的有效热效率和比油耗范围　表 A-1

项目 发动机类型	有效热效率 η_e	比油耗 g_e [g/(kW·h)]	备　　注
低速柴油机	0.45～0.38	190～225	较低的 g_e 值均属废气涡轮增压的四冲程和二冲程柴油发动机
中速柴油机	0.43～0.36	195～240	
高速柴油机	0.40～0.30	215～285	
四冲程汽油机	0.30～0.20	270～410	—
二冲程汽油机	0.20～0.15	410～545	—

对于同一种类型的发动机，不同的运行工况下发动机的比油耗也是不同的，并存在着最低比油耗区域（图 A-1）。发动机在一定转速范围内，最低比油耗区域一般在发动机负荷率约 80% 左右。因此，汽车的后备功率过大不利于提高发动机工作的负荷率；汽车底盘与发动机不匹配，驾驶员对车速、挡位控制不当等，均不利于实现发动机在最低比油耗区域工作。

发动机在稳定工况下燃烧较为充分，比油耗相对较低。

汽车变速器的挡位数增加，可减小速比级差，能使发动机集中工作在经济转速范围内，可提高燃油经济性，改善运行平顺性。

发动机的机械摩擦消耗了约 25% 的功，各部件消耗功量占总消耗功的比例分别为：活塞 25%，活塞环 19%，传动系统 22.5%，曲轴 5%，阀系 6%，连杆轴承 10%，主轴承 12.5%。因此发动机润滑油的性能对发动机比油耗有较大的影响。研究表明，低黏度润滑油及在润滑油中添加摩擦改进剂可减少摩擦阻力，提高发动机的燃油经济性。

针对发动机比油耗的特点及其影响因素，驾驶员可通过下列途径降低汽车的燃油消耗量：

1）发动机低比油耗

（1）选用柴油发动机提高发动机指示热效率；

（2）选用低黏度、高质量级别的润滑油降低发动机内部运动件的摩擦损失，提高发动机机械效率。

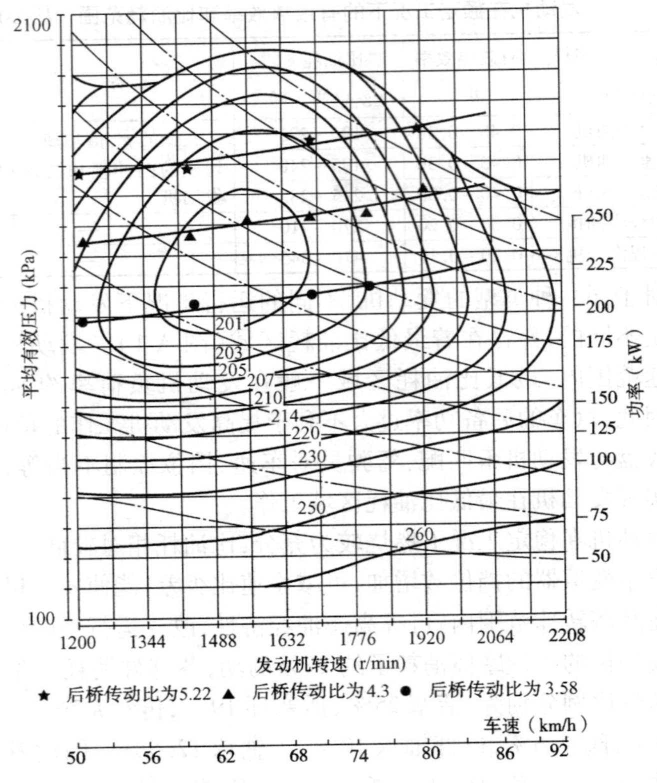

图 A-1 WD615.46 型柴油机万有特性曲线

2)保持发动机在低比油耗区域及其附近工作

(1)通过挡位及速度控制，保持发动机在低比油耗区域及其附近工作；

(2)尽量保持发动机在稳定工况下运转；

(3)选用发动机与汽车用途相匹配的汽车；

(4)选用挡位较多的变速器，增加发动机处于低比油耗区域及其附近工作的机会。

2. 保持经济车速运行（经济车速原理）

由式 2-1 中可知汽车的行驶速度 v_a 直接影响着汽车克服滚动阻力所消耗的功率 P_f 及汽车克服空气阻力所消耗的功率 P_w。此外，汽车的行驶速度还影响着发动机转速及负荷率，从而又影响着发动机的比油耗。综合上述原因可知，汽车的燃油消耗量随行驶速度变化而变化（图 A-2），且存在着燃油消耗量最低的经济车速。如瑞风 7 座汽油车道路试验表明，其“5”挡的经济车速在 70km/h ~ 90km/h 之间。

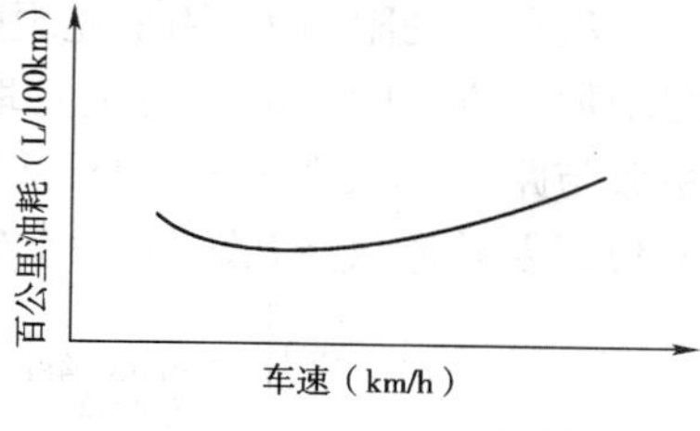

图 A-2　汽车等速百公里燃油消耗量曲线

当车速较低时，空气阻力和车轮滚动阻力较小，克服行驶阻力的功率较小，但发动机负荷小，比油耗上升，百公里燃油消耗量相应升高。当高速行驶时，尽管发动机负荷率较高，比油耗降低，但空气阻力和车轮滚动阻力将大幅度增大，使得汽车克服行驶阻力所需的功率也将大幅度增加，从而导致汽车百公里燃油消耗量增加，详见 4.7.1 条的释义。

汽车高速行驶虽然缩短了行驶时间，但也使汽车的行驶速度偏离经济车速较多，增加了燃油消耗量，不利于节能减排，而且汽车超速行驶也会给安全运行带来很大的隐患。因此，合理地控制车速特别是控制汽车行驶的最高速度，对降低汽车燃油消耗量、提高汽车运行的安全性具有十分重要的作用。

3. 减轻汽车重量（轻量化原理）

汽车重量 G 的增加不但会使汽车克服滚动阻力所消耗的功率 P_f 增加，而且由于汽车惯性增大，汽车在加速时消耗的功率 P_j 也增大，需要消耗更多的燃油，详见 3.3 条的释义。

降低汽车质量的途径有：

（1）选择自重轻的汽车，如微型乘用车、载质量利用系数大的货车；

（2）清理出车内不必要的物件；

（3）经常清洗汽车，尤其是附着在汽车底盘上的泥土。

4. 降低滚动阻力系数（低滚动阻力原理）

汽车滚动阻力大，用来克服阻力需要的功率自然就多，油耗随之增加。汽车的滚动阻力主要取决于滚动阻力系数 f，滚动阻力系数与路面的类型（表 3-1）、行驶速度、轮胎的结构与材料（图 A-3）以及轮胎气压（图 A-4）等有关。

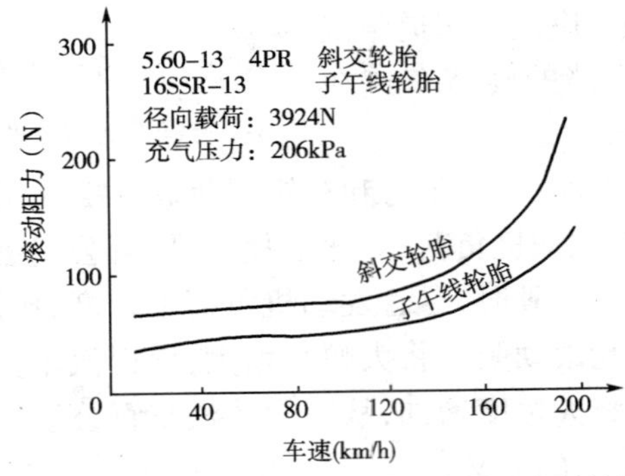

图 A-3 滚动阻力与汽车行驶速度、轮胎的构造与材料的关系

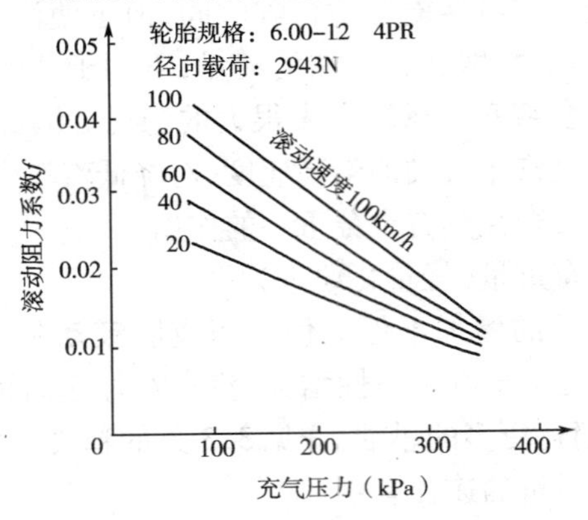

图 A-4 滚动阻力系数与轮胎气压的关系

路面质量差、汽车行驶速度高、轮胎气压低，滚动阻力系数会增大。子午线轮胎比普通斜交轮胎具有优异的技术性能，其滚动阻力系数要比普通斜交轮胎小20%～30%，汽车使用子午线轮胎后可节省燃油3%～8%。

汽车曲线行驶（如汽车转弯）时，地面对轮胎将产生侧向反作用力，滚动阻力大幅增加，见4.8.2条和4.8.4条的释义。

降低滚动阻力系数的主要途径有：

（1）选择良好的道路路面行驶；

（2）保持合适的轮胎气压；

（3）保持汽车直线行驶；

（4）用子午线轮胎取代斜交轮胎；

（5）用宽断面轮胎取代并装的两个轮胎。

5. 降低空气阻力（低空气阻力原理）

空气阻力的大小与汽车的空气阻力系数 C_D 及汽车行驶方向的投影面积 A 有直接的关系。在空气阻力中，形状阻力约占60%，可见，车身形状是影响空气阻力的主要因素，详见3.3条的释义。

影响空气阻力的另一个因素就是车速，发动机克服空气阻力所消耗的功率与车速的三次方成正比（图A-5），因此空气阻力消耗的功率随着速度的提高增加非常迅速，见4.11条的释义。

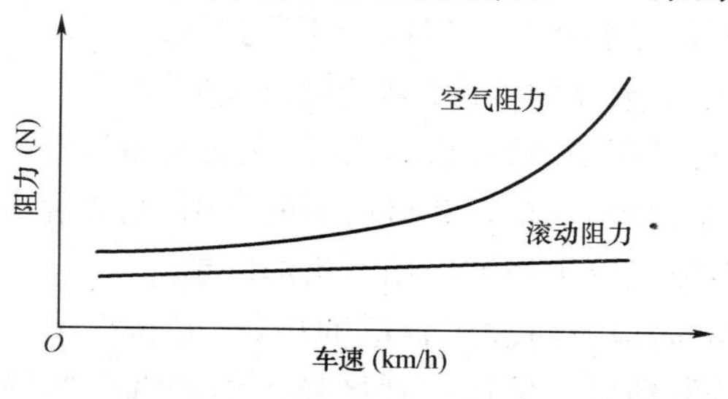

图A-5 滚动阻力与空气阻力的变化

降低空气阻力的主要途径有：

(1)货运汽车尽量采用厢式货车，并在厢式货车上安装导流罩、阻风板等；

(2)栏板式货车装货后应用篷布遮盖严实；

(3)不要在乘用车车身或车顶上加装附加装置，如扰流板、行李架等；

(4)高速行驶时尽量关闭车窗；

(5)保持车身整洁；

(6)选择车身流线型好的汽车；

(7)选择内置行李架(舱)的大客车。

6. 避免急加速(缓加速原理)

汽车行驶加速度 j_a 的大小主要由踩加速踏板的速度决定，急加速使汽车的加速度很大，从式 2-1 中可以看出加速度越大，汽车克服加速阻力所消耗的功率 P_j 就越大，燃油消耗也越大。

此外，发动机在稳定工况下燃烧较为充分，具有较好的燃油经济性。急踩加速踏板时发动机燃油供给系的供油量突然增加，导致燃油混合气变浓，使燃烧不充分，油耗增加，详见 4.5.2 条的释义。

降低汽车克服加速阻力所消耗的功率的途径有：

(1)平稳踩踏加速踏板，避免急加速；

(2)保持汽车各运行工况间的平稳过渡。

7. 尽量使用较高的挡位(高挡位行驶原理)

汽车行驶过程中，随着道路状况、交通流量等具体情况的变化需要换挡操作，使驱动车轮获得所需的牵引力，以克服变化的行驶阻力，这就面临挡位选择和换挡时机的问题。

汽车行驶时应及时选用合适的挡位，提高汽车发动机工作的负荷率，保持发动机在低比油耗区域工作。汽车换挡时应选择在发动机接近经济转速情况下进行换挡，详见 4.4.1.1 条的释义。

挡位使用的原则是：

(1)在汽车正常行驶的情况下,尽量使用最高的挡位；

(2)注意发动机转速,掌握好换挡时机,及时换挡。

8. 带挡滑行减速,避免紧急制动(滑行减速原理)

汽车在行驶过程中不可避免地会遇到各种情况而采取减速,制动是汽车减速最常用的措施,通过制动器内制动蹄片与制动鼓(盘)的摩擦或汽车轮胎与路面的摩擦消耗汽车的动能实现汽车减速。汽车的动能是通过消耗燃油获得的,将汽车的惯性动能充分利用,能有效降低汽车的燃油消耗。有效利用汽车惯性动能的关键是要采用滑行减速,避免紧急制动。

汽车滑行就是在解除发动机的驱动后,汽车依靠具有的惯性动能继续行驶,使动能得到充分的利用。现代电喷发动机在一定的转速范围内有强制怠速断油功能,在挂挡不熄火的情况下滑行,汽车燃油消耗很少甚至不消耗燃油,比脱挡滑行更省油,这已与原来传统的化油器式发动机汽车有本质的区别。

发动机熄火脱挡(或挂挡但踩下离合器踏板)滑行存在着极大的行车安全隐患。发动机熄火后,汽车助力装置的动力源消失,气压式制动装置得不到补充空气而气压下降,会导致转向失灵、制动失效等。因此在进行滑行时一定要保持发动机不熄火且挂挡滑行。

滑行减速避免紧急制动的原则是：

(1)保持合适的行车间距；

(2)及早发现前方道路情况,如路口、弯道、行人、障碍物等；

(3)发动机不熄火且挂挡滑行。

9. 保持高传动效率 η_T(高传动效率原理)

发动机的动力是通过离合器、变速器、传动轴万向节、主减速器等传至驱动轮驱动汽车前进或倒退的。在动力传递过程中,各部件间的摩擦将消耗一部分功率。传动系功率损失分为机械损失和液力损失两大类。机械损失包括齿轮传动副、轴承、油封等处的摩擦损失，其与啮合齿轮的对数、传递的转矩等因素有关；液力损失主要消耗于搅动润滑油、润滑油与旋转零件之间的表面摩擦等功率损失，这与润滑油的品种、温度、箱体内的油面高度以及齿轮等旋转零件的转速有关。

在离合器完全结合的情况下，采用有级机械变速传动系的乘用车，传动效率约为0.9～0.92；货车、大客车和越野车的传动系有多种组合，传动效率如表A-2所示。

值得注意的是，如果离合器处于半联动状态或因故障而打滑，离合器将损失非常大的功率。

传动系各部件的传动效率 表A-2

部件名称	传动效率η_T(%)
4～6挡变速器	95
辅助变速器(副变速器或分动器)	95
8挡以上变速器	90
单级减速主减速器	96
双级减速主减速器	92
传动轴的万向节	98

保持高传动效率的原则是：

(1)尽量不使离合器处于半联动状态；

(2)选用合适的齿轮油及润滑脂；

(3)保持变速器、主减速器箱体内齿轮油面高度合适。

10.保持汽车完好的技术状况(正常技术状况原理)

随着汽车行驶里程的增加，其技术状况会不断发生衰退，各个机构、零部件必然会出现松动、损坏，需要及时进行维护、修理。如果不及时进行必要的维护，汽车将会出现燃油消耗增加、排放性能变差、动力性能下降等不良现象，详见3.3条的释义。

保持汽车具有完好的技术状况是汽车驾驶节能的基础。汽车带病行驶,采取任何驾驶节能技术也不会达到有效降低汽车燃油消耗的目的,而且还存在安全行车隐患。

保持汽车完好的技术状况的原则是:

(1)做好日常维护,坚持三检(出车前、行车中和收车后的安全检查);

(2)保持四清,即保持润滑油、空气、燃油的滤清器和蓄电池的清洁;

(3)防止四漏,即防止漏水、漏油、漏气、漏电,并做好燃油、润滑油及冷却液的补给和车容整洁工作。

附录 B　不良驾驶行为对油耗的影响分析

本部分将依据驾驶节能理论,以情景分析的方法分析行车前准备、驾驶操作、车辆检查与维护等方面的不良行为对汽车油耗的影响。

1. 行车前准备

1) 出车前不规划行程

【情景 1】　某驾驶员长途驾车从甲地到乙地,有多条道路可走。有的道路距离较短,但交通流量大,行驶速度较低;有的道路距离略长,但路况较好。该驾驶员选择了一条距离较短的路,结果从甲地到乙地的平均车速仅为 40km/h。

【分析】　该情景不符合"经济车速原理"。汽车从甲地到乙地的行驶油耗不但与行驶的距离有关,而且与道路的交通状况有关。我们都有这样的体会,在市区驾车的百公里油耗要比在高速公路上驾车的油耗高 30% 左右,有时甚至更高,这主要与市区驾驶汽车总是处于频繁加速、制动有关。发动机处于不稳定工况运行,汽车的行驶速度严重低于经济车速,都使油耗大大增加。

驾驶汽车,尤其是长途驾车,在出发前应充分做好出行计划,在综合考虑行驶距离、道路交通情况等多方面因素后,应以选择较高等级公路及较短距离为原则设计最佳的行车路线,并选择好备用行车路线。

2) 不及时清除车内不常用的物品

【情景 2】　某私人乘用车后备箱内经常装满了饮用水、各种书刊等物品。

【分析】　该情景不符合“汽车轻量化原理”。这些物品随车运动增加了汽车的总质量，导致汽车克服滚动阻力和加速时消耗的功率增加，燃油消耗增多。

3）不及时清洁车身

【情景 3】　某驾驶员驾车在泥泞的道路上行驶后，又行驶了近 100km 后才抽空清洗汽车，从汽车底盘上清洗出大量泥土。

【分析】　该情景不符合“汽车轻量化原理”。汽车在泥泞的道路上行驶后，底盘上会附着大量的泥土，这增加了汽车的总质量，相应地增加了汽车的燃油消耗。

2. 驾驶操作

1）发动机预热时间过长

【情景 4】　某驾驶员驾驶一辆电喷汽油乘用车，每次出车前起动发动机怠速运转后，下车清洁汽车外观，约 3min ~ 5min 后汽车起步行驶；即使有时出车较急时，该驾驶员也要原地踩下加速踏板，提高发动机转速预热。该驾驶员认为，汽车在行驶前一定要得到较好的预热，既保护了发动机，又节省了汽油。

【分析】　该情景不符合“低比油耗原理”。现代发动机技术在近几十年来已得到了飞速发展，采用新工艺、新材料生产的电喷发动机与以前的化油器式发动机有非常大的区别，不要求对发动机长时间预热，一般从发动机起动到汽车起步应不超过 1min。

一般乘用车发动机每怠速运转 5min，就会消耗掉 70mL 以上的汽油，怠速半小时就会燃烧掉约 0.5L 燃油。发动机怠速预热时，排气中的 HC、CO 污染物的浓度非常高，且排气温度较低，三效催化转换器不能有效工作，排气中的 HC、CO 污染物要比正常行驶时高得多。此外，原地过度热车还会使排气管内的积水无法排出，导致排气管生锈，严重的甚至会使排气管被腐蚀穿孔。调研数据显示，怠速预热时间过长，不但浪费了燃料，增加了污染物排放，还增大了发动机发生故障的风险。

2）离合器经常处于半联动状态

【情景5】 某驾驶员驾车时总是缓慢地踩下离合器踏板进行换挡。

【情景6】 某驾驶员习惯驾车时将脚搁在离合器踏板上，认为不但节省换挡时的操作过程，而且能方便地利用离合器操控汽车运行。

【分析】 以上两情景不符合"高传动效率原理"。情景5中，驾驶员总是缓慢地踩下离合器踏板，延长了离合器处于半联动状态的时间；情景6中，驾驶员将脚搁在离合器踏板上的习惯，会导致离合器踏板下移，使离合器可能处于半联动状态。

离合器是把发动机旋转力矩传递到变速器的部件。汽车变速换挡时，踩下离合器踏板，离合器主、从动部分分离，切断动力传递，便于换挡；抬起离合器踏板，离合器主、从动部分结合，实现动力传递。当部分踩下离合器踏板时，离合器主、从动部分处于半分离、半结合的打滑状态，即处于半联动状态。在离合器半联动状态，由于离合器主、从动部分打滑摩擦，损失大量的传递动力，浪费了燃油。此外，离合器经常处于半联动状态，加速了离合器的磨损。因此，对离合器的操作，在需要分离时，应迅速完全踩下离合器踏板，使离合器彻底分离；在需要结合时，为了使汽车行驶平顺，应缓缓抬起离合器踏板，使离合器平稳结合。

【情景7】 某驾驶员驾龄很长，长期以来养成了运用两脚离合器动作进行换挡的习惯，驾驶现代汽车时也始终坚持运用两脚离合器动作换挡。

【分析】 该情景不符合"高传动效率原理"。两脚离合器的操作是针对变速器待啮合的齿轮间没有同步器的车型而规定的，此种车换挡变速时由低挡换高挡和由高挡换低挡都必须运用两脚离合器操作，使变速器中待啮合的一对齿轮的线速度相近，实现同步、无冲击换挡。两脚离合器的操作程序是：当车速升到需要加挡时,立即抬起加速踏板,同时踩下离合器踏板,将变速操纵杆移至空挡,接着抬起离合器踏板再迅速踩下离合器踏板,将变速操纵杆换入高一级挡位,然后在抬起离合器踏板的同时缓慢踩下加速踏板,使汽车继续行驶。两脚离合器减挡操作与加挡操作的区别是在完成第一脚离合器动作后,要踩加速踏板提供额外的燃油后,才能第二次抬起、踩下离合器踏板和挂入低一级挡位。但是,现代汽车的变速器各啮合的齿轮间均装有同步器,运用一脚离合器换挡就能实现无冲击换挡。

汽车在交通拥挤路段或市区行车 1h,大约需要频繁地换挡150 次以上。采用两脚离合器,除了增加驾驶员的劳动强度外,也增加了离合器处于半联动状态的时间,从而增加燃油消耗。此外,运用两脚离合器换挡时,汽车减挡提供额外的燃油会浪费燃油,会使发动机燃烧不完全,排放有害物质增加,加剧了城市环境污染。

3)加速踏板控制不稳

【情景 8】　某驾驶员在汽车巡航时,总有下意识地来回、轻微地踩加速踏板的动作,使车速在预期速度上下波动。

【分析】　该情景不符合"低比油耗原理"。驾驶员来回踩加速踏板的动作,尽管是轻微的、下意识的,但已使车速在预期速度出现了上下波动,导致发动机在某转速、某转矩下上下波动(转速、转矩不稳定)。首先是发动机处于不稳定工作状态,燃烧条件变差,比油耗将上升;其次是,汽车也在轻微地加减速,需要克服加速阻力,汽车油耗也会相应增加。因此,在行车中保持一个稳定的车速要比不稳定车速行驶省油。

4)行驶方向控制不稳

【情景 9】　某驾驶员在汽车巡航时,总有下意识地轻微来回转动方向盘的动作,使汽车有轻微的曲线行驶。

【分析】　该情景不符合"低滚动阻力原理"。汽车曲线行驶最主要的是增大了地面对轮胎产生的侧向反作用力,使发动机需要克服的滚动阻力大大增加；其次是直线的距离最短，曲线行驶增加了汽车的行驶里程，这些因素都将使汽车的燃料消耗量增加。此外，汽车曲线行驶还增加了轮胎的磨损，缩短了轮胎使用寿命。因此，驾驶汽车时，应使汽车尽量保持直线行驶。

5）长时间低挡行驶

【情景 10】 某驾驶员驾驶汽车起步后，习惯加速行驶数十米后才升挡。

【情景 11】 某驾驶员驾驶的汽车有 5 个前进挡，正常行驶过程中，即使是道路状况较好，也习惯用 4 挡长时间行驶，并认为这样汽车加速有力。

【分析】 上述两情景不符合“高挡位行驶原理”及“低比油耗原理”。汽车起步时，汽车从静止到运动，需要汽车动力系统提供大转矩克服较大的汽车惯性，因此采用低挡（通常为“1”挡）起步。起步运动后，汽车动力系统需要克服的惯性大大减小，而滚动阻力增加不大，已不再需要提供较大的转矩，应在一个车身距离内从“1”挡升入“2”挡。随着车速的提高，应尽快升至最高挡行驶。情景 10 和情景 11 中，驾驶员没有随道路条件、交通流量等情况及时选用合适的挡位，汽车发动机的负荷率偏低，发动机工作状态偏离了低比油耗区域工作。

6）长时间超速行驶

【情景 12】 某驾驶员在高速公路上驾车，车速经常保持在 150km/h 左右。

【分析】 该情景不符合“经济车速原理”、“低空气阻力原理”。道路建设部门设计公路时一般要考虑公路建成后的交通流量、汽车的技术性能、建设资金回收等众多因素，从而确定比较经济的公路设计速度；道路交通管理部门为了降低交通事故发生，根据公路设计速度规定一般平原公路的行车速度限速为 70km/h，平原高速公路限速为 110km/h ~ 120km/h；汽车制造部门根据汽车的使用情况和道路条件确定最佳的经济车速，如长途大客车经济车速约为 90km/h ~ 100km/h，普通公路行驶的汽车经济车速约为 50km/h ~ 70km/h，乘用车的经济车速约为 60km/h ~ 90km/h，城市公共汽车的经济车速低于 50km/h。经常高速行驶使汽车偏离了经济车速，会导致油耗增加。

根据汽车空气动力学原理，汽车克服空气阻力所需的功率与车速的三次方成正比，因此发动机在汽车高速行驶时比中速行驶时要提供大得多的动力，油耗也大幅度增加。此外，超速行驶会使驾驶员精神高度紧张，存在较大的安全隐患。

7）频繁变道超车

【情景 13】　某驾驶员在交通流量较大的道路上，不断地加速、变道、超车、制动，来回穿梭于各车道之间，认为能节约大量的时间。

【分析】　该情景不符合“柔和加速原理”、“带挡滑行减速原理”、“低比油耗原理”、“低滚动阻力原理”。不节约的原因详见 4.8.4 条的释义。

在交通流量较大的道路上，频繁变道超车带来的时间效果并不明显。我们以上下班的路程为 10km 计算，大中城市一般上下班时平均车速为 25km/h，如果通过频繁变道超车使平均车速达到 30km/h（已非常困难），那也仅仅减少了 4min。欧洲相关研究机构试验表明：野蛮驾驶即在信号灯前猛停、猛闯，以及快速猛烈的制动行为等，最多只能节省 4% 的出行时间（相当于在一次 60min 的出行中仅节省 2.5min），而这种行为所造成的油耗却增加了 37%，一些有毒气体的排放量的增长甚至超过了 5 倍。因此，应尽量避免无谓的频繁变道超车。

8）经常紧急制动

【情景 14】　某驾驶员在路口遇到红灯或遇前方道路有障碍时，在离前方情况非常近的距离内才抬起加速踏板，采取制动停车。

【分析】 该情景不符合“带挡滑行减速原理”。在离前方情况非常近的距离内才抬起加速踏板，采取制动停车，此时的制动强度一般较大，汽车的惯性动能通过行车制动器强烈地消耗使汽车迅速停止。汽车的惯性动能是通过燃料消耗获得的，应将汽车的惯性动能充分地转化为汽车的行驶里程才能有效地降低汽车的燃料消耗。一辆底盘技术状况正常的汽车，在 60km/h 的车速时抬起加速踏板进行带挡滑行减速，当车速降至 30km/h 时，滑行距离约为 500m，而发动机由于有强制怠速断油功能，此时很少消耗甚至不消耗燃油。因此，在离前方情况较远的距离时就应该抬起加速踏板，带挡滑行减速，尽量利用汽车的惯性前进，必要时采用行车制动提高制动效能。

驾驶员不能准确判断和处理道路上的情况，增加了制动次数、制动强度等，应尽量少用或不用制动，更要避免运用紧急制动，这样既安全又省油。

【情景 15】 某驾驶员为了防止其他汽车加塞，始终与前车保持很短的车间距。

【分析】 该情景不符合“带挡滑行减速原理”和“柔和加速原理”。与前车保持很短的车间距，往往前车的制动灯一亮就要采取较强的制动措施减速，使汽车的惯性动能浪费掉，随后又猛踩加速踏板加速跟上前车。这种驾驶习惯不但浪费燃油，而且驾驶员精神比较紧张，容易发生交通事故。

9）空挡滑行减速

【情景 16】 某驾驶员在路口遇到红灯或遇前方道路有障碍时，在离前方情况较远的距离内抬起加速踏板，空挡滑行。

【情景 17】 某驾驶员在遇到道路前方道路有情况时，抬起加速踏板，踩下离合器踏板开始滑行。

【分析】 情景 16、情景 17 均不符合“带挡滑行减速原理”。

滑行是把汽车积蓄的惯性动能转变为有用的功，利用汽车的惯性行驶，是常用的节油方法。而空挡或踩下离合器踏板滑行时，虽然汽车不反拖发动机运转，汽车的滑行距离会变长，但发动机处于怠速运转状态，也会消耗燃油。

【情景18】 某驾驶员驾车下坡路时，空挡、熄火滑行。

【分析】 该情景不符合“带挡滑行减速原理”。汽车下长坡时，由于重力的作用，汽车行驶速度将越来越快，为了保证安全必须制动减速。汽车空挡下长坡，缺少了发动机的阻滞力，势必要加大行车制动器的制动强度。频繁、高强度地使用行车制动器，不但使制动器的摩擦片磨损加剧，还将使制动器温度急剧升高，易产生热衰退现象，从而制动效能降低甚至失灵。

熄火滑行同样是非常危险的！由于现代汽车结合许多先进的技术，在发动机熄火的情况下，会出现转向、制动等助力装置失效的情况，存在严重的安全隐患。

10）打开车窗高速行驶

【情景19】 某驾驶员在高速公路上打开车窗驾车，认为比用空调省油。

【分析】 该情景不符合“低空气阻力原理”。在炎热的夏天，使用车用空调调节车内空气温度需增加约10%的油耗，所以，应少用空调而利用开窗自然通风。然而，打开车窗会使汽车的空气阻力系数 C_D 变大，由于汽车克服空气阻力所需的功率与车速的三次方成正比，在汽车高速行驶时打开车窗会使空气阻力变得非常大而超过车用空调所需的额外动力，汽车增加的油耗会比使用车用空调还要多。当车速超过70km/h时，应关闭车窗而使用空调调节车内空气温度。

11）长时间停车发动机怠速运转

【情景20】 某驾驶员驾车到路口，信号灯时间计时器指示红灯时间还有80s，于是将汽车挂入空挡，拉紧驻车制动等待。

【情景 21】 某驾驶员遇到前方因发生交通事故而堵车,且数分钟之内汽车不可能移动,该驾驶员只好停车等待,且一直保持发动机怠速运转。

【分析】 情景 20、情景 21 均不符合"低比油耗原理"。等红灯或堵车时,绝大多数驾驶员的做法都是换入空挡,拉紧驻车制动,保持发动机怠速运转,等待通过。实际上,发动机空转时也要消耗燃油,一般汽车怠速运转 1min 以上所消耗的燃油要比重新起动所消耗的燃油多,长时间怠速和怠速状态下运行空调更加浪费燃油。试验表明,发动机在空挡情况下怠速运转 3min 消耗的燃油足够让汽车多行驶 1km。此外,怠速运转时发动机排出的污染物浓度比行车时要高得多。因此,非增压发动机汽车遇到红灯时间超过 1min,堵车需怠速行驶 4min 以上以及停车等人的情况,一定记住要熄火。

3. 车辆检查与维护

1)轮胎气压低

【情景 22】 某驾驶员驾车从甲地到乙地,到达后有其他驾驶员提醒该汽车各轮胎的花纹与地面接触的数量不一致。

【分析】 该情景不符合"正常技术状况原理"、"低滚动阻力原理"。汽车各轮胎的花纹与地面接触的数量不一致,如果该车使用的是同型号、同花纹的轮胎,说明轮胎的气压不一致。

轮胎气压低于规定的标准气压,会使汽车的滚动阻力系数大为增加,汽车克服滚动阻力所需的功率增加,油耗也会相应地增加。使用低于标准气压的轮胎,还是造成轮胎早期损坏的最主要原因之一。据统计,轮胎气压比规定值低 30%,轮胎寿命会缩短 33%,燃油消耗会增加 6%。

当轮胎气压过高时,轮胎的帘线受到伸张,帘线的疲劳过程加快,帘线强度降低,碰到障碍物时容易造成胎体爆破。气压过高使胎冠接地面积减小,增加了单位面积的压力,将加速胎面中部的磨耗，而且胎面胶和花纹容易产生裂口。并装的双胎中，若其中一胎气压过高，径向变形不一致，负荷分配不均，容易造成胎压高的轮胎早期损坏。胎压过高还会使汽车行驶的平顺性降低，加速汽车零部件的损坏。

2）不清洁空气滤清器

【情景 23】 某驾驶员始终按照车辆使用说明书的要求按时到修理厂进行维护，认为有专业人员对车辆维护，自己在平时对发动机只需检查机油量，不需再对发动机进行其他维护工作。

【分析】 该情景不符合“正常技术状况原理”、“低比油耗原理”。对于普通机动车驾驶员来说，按汽车维护中规定的里程（一般为 5000 km ~ 10000km）到修理厂由专业人员进行维护是一种保持汽车正常技术状况的好的做法。但在平时，驾驶员除对发动机机油量检查外，还需注意对发动机的空气滤清器进行维护。汽车发动机在工作过程中，每时每刻都要吸入空气。据资料介绍，汽车在经过铺筑的路面时，空气含尘量为 0.0002g/m^3，在经过没有铺筑的路面时，空气含尘量为 0.005g/m^3，而在经过多尘路面时，空气含尘量则可高达 0.35g/m^3。如果汽车经常在多尘路面行驶，空气滤清器滤芯会在维护规定的里程内被堵塞，使发动机进气阻力增加，充气效率降低。试验表明，当空气滤清器大部分堵塞时，可增加 8% 的油耗。目前许多专业运输部门对长期在土路或尘埃多的环境下运行的车辆，空气滤清器滤芯的清洁维护周期缩短为 1500km ~ 2000km。

参考文献

[1] 江苏省交通运输厅运输管理局,交通部公路科学研究院,等,汽车驾驶节能技术研究报告,2009.

[2] 蔡凤田,谢素华,韩国庆,等. 汽车节能与环保实用技术[M]. 北京:人民交通出版社,1999.

[3] 任起龙. 国外中重型车整车降油耗技术介绍[M]. 2007.

[4] U. S. Environmental Protection Agency . A Glance at Clean Freight Strategies Drivers Training[M].

[5] CIECA. CIECA Internal Project On "Eco-driving" In Category B Driver Training and Driving Test [M] . 2007.

[6] 王毓民,等. 实用汽车润滑技术手册[M]. 北京:化学工业出版社,2005.

[7] 何光里,等. 汽车运用工程师手册[M]. 北京:人民交通出版社,1991.

[8] 陈礼璠,杜爱民,陈明 . 汽车节能技术[M]. 北京:人民交通出版社,2005.

[9] 余志生 . 汽车理论(第 3 版)[M]. 北京:机械工业出版社,2002.

[10] 王海林,等 . 汽车运用技术[M]. 北京:北京理工大学出版社,2007.

[11] 高延龄,许洪国 . 汽车运用工程(第三版)[M]. 北京:人民交通出版社,2005.

[12] M. 米奇克 . 汽车动力学[M]. 北京:人民交通出版社,1992.

[13] 何仁 . 汽车动力性燃油经济性模拟计算方法及应用[M]. 北京:机械工业出版社,1996.

[14] 谷正气. 汽车空气动力学[M]. 北京:人民交通出版社,2005.

[15] 郑正仁. 汽车轮胎制造与测试[M]. 北京:化学工业出版社,1987.

[16] 葛贤康. 汽车节油原理与实践[M]、上海:上海交通大学出版社,1994.

[17] 杜子学. 汽车造型[M]. 北京:人民交通出版社,2005.

[18] Eco-driving the Cool, Safe and Cleanest Driving Style for Saving Fuel Principles and Practise [C]. IEA Workshop "Cooling Cars with Less Fuel", Paris, Oct. 23-24, 2006.

[19] Fuelling Green Driving[C]. forum for the future, 2008.

[20] Leea, Garryk, Howellj. An Evaluation of CFD for Modeling the Flow Around Stationary and Rotating Isolated Wheels [C]. Warrendale: SAE Publications Group, 1998.

[21] Increasing the Uptake of Eco – driving Training for Drivers of Large Goods Vehicles and Passenger Carrying Vehicles: Consultation Document[R]. Department for Transport, 2010. 05.

[22] Eco Drive QE3760/QE5540 Instruction Manual[R]. 2010. 3.

[23] Energy Efficient Transport Systems Ecodrive: Training, fleet management, fuel monitoring [R]. Jochim Donner, Finland, 2002.

[24] The EcoDriver's manual, A Guide to Increasing Your Mileage & Reducing Your Carbon Footprint [R]. AUTO ALLIANCE.

[25] 蔡凤田. 公路交通运输领域节能减排对策[J]. 交通节能与环保,2008. 2.

[26] 陈海涛. 汽车结构因素对燃油经济性的影响[J]. 公路与汽运,2006. 4.

[27] 何仁,庄志华,郑吉平. 运行参数对汽车燃油经济性影响程

度的区间分析方法[J]. 交通运输工程学报,2007.6.

[28] Fuel Efficient Driving Training-State of the Art and Quantification of Effects [J]. A. E. af Wåhlberg Department of Psychology Uppsala University.

[29] Tyres and Fuel Consumption Driving Down Costs [J]. Truck Europe, 2007.

[30] Timothy C, Moore and Amory B. Lovims. Vehicle Design Strategies to Meet and Exceed PNGV Goals[J]. Warrendale PA: SAE Paper 951906.

[31] Thomas D. Gillespie. Fundamentals of Vehicle Dynamics [J]. Warrendale PA:SAE. Inc,1992.

[32] He Ren,Gao Zong-ying. An Analytical System of the Automobile Power - train Matching [J] . SAE Paper 931964: 2413-2416.

[33] 韦海燕. 负荷率与城市公共汽车经济性分析[J]. 公路与汽运,2003.4.

[34] 李东军,郝增德,李理光,等. 中国典型城市车辆行驶状况的测试统计[J]. 汽车技术,1998.3.

[35] 苏健勇,范佩鑫. 转鼓试验台的道路行驶阻力模拟技术及实践[J]. 上海铁道大学学报,1998.12.

[36] 钟声龙. EQ1092F 等速燃耗的空气阻力系数影响[J]. 汽车科技,1995.4.

[37] 魏秀玲,张强,薛建民. 导流罩对厢式货车空气阻力特性的影响[J]. 机械设计及制造,2008.2.

[38] 王德昌,杜广生,吴静怡. 厢式货车外部三维流场数值模拟的研究[J]. 农业机械学报,2004.35(3).

[39] 赵兰水,杜广生. 厢式货车导流罩减阻节能的风洞实验研究[J]. 农业机械学报,2000.31(5).

[40] 丁岩,陈永光,李宁. 空气阻力与车身造型研究[J]. 公路与汽运,2008.3.
[41] 王云鹏,鹿应荣,李显生. 轮胎对汽车使用性能的影响[J]. 公路交通科技,1997.6.